게임 시나리오 스쿨

현업 기획자 마이즈가 알려주는

게임 시나리오 스쿨

초판 1쇄 발행 2025년 3월 20일

지은이 김현석

펴낸이 윤주용
편집 도은주, 류정화, 박미선 | 마케팅 조명구 | 홍보 박미나

펴낸곳 초록비책공방
출판등록 2013년 4월 25일 제2013-000130
주소 서울시 마포구 동교로27길 53 308호
전화 0505-566-5522 | 팩스 02-6008-1777

메일 greenrainbooks@naver.com
인스타 @greenrainbooks @greenrain_1318
블로그 http://blog.naver.com/greenrainbooks

ISBN 979-11-93296-83-7 (03000)

어려운 것은 쉽게 쉬운 것은 깊게 깊은 것은 유쾌하게

초록비책공방은 여러분의 소중한 의견을 기다리고 있습니다.
원고 투고, 오탈자 제보, 제휴 제안은 greenrainbooks@naver.com으로 보내주세요.

현업 기획자 마이즈가 알려주는

게임
시나리오
스쿨

김현석 지음

스토리를 넘어 플레이를 설계하는 법

초록비책공방

프롤로그

작년의 일입니다. 게임 시나리오 수업 제의를 받고 여러 커리큘럼을 찾아보았습니다. 학교와 학원, 기타 여러 교육기관에서 게임 시나리오 교육 과정이 있더라고요. 하지만 교육 내용을 살펴보고는 무언가 잘못되었다는 생각이 들었습니다. 많은 곳에서 가르치는 게임 시나리오 교육 과정이 판타지 소설 작법을 교육하는 커리큘럼과 크게 다르지 않았거든요. 물론 소설 같은 서사가 게임에 적용되던 시절이 있기는 했습니다. 하지만 요즘 게임 시나리오는 과거와는 정말 많이 달라졌는데 과연 판타지 소설 쓰기와 같은 내용을 학습하고 게임 시나리오 기획에 도전했을 때 좋은 결과를 얻을 수 있을지 의문이었어요. 그래서 이 책을 쓰기로 결심했습니다.

게임 시나리오 기획에 관한 책이라고 하니 시나리오 쓰는 방법을 가르쳐줄 거로 생각하겠지요? 하지만 이 책에서는 시나리오 작법에 대한 디테일한 내용은 거의 다루지 않습니다. 시나리오 기획자를 꿈꾸는 사람이 글을 못 쓸 거라 생각하지 않기 때문입니다. 만약 자신의 글쓰기 실력이 부족하다면 시중에 나온 책 중 자신에게 맞는 글쓰기 책을 찾아 학습하길 바랍니다. 글쓰기 실력은 기본 중의 기본이니까요.

이 책에서 다루는 것은 게임 시나리오를 어떻게 논리화하고 구성하며 표현할지에 대한 내용들입니다. 게임 시나리오 기획자는 글만 쓰는 직군이 아닙니다. 시나리오를 다양하게 표현하고 전달하는 일을 합니다. 따라서 이 책에서는 시나리오를 어떻게 게임화하는지에 대해 집중합니다. 가벼운 그래픽 요소와 프로그램 요소, 구조화 내용이 포함됩니다. 글만 쓰던 사람이라도 어렵지 않게 쓰려고 노력했습니다.

이 책을 통해 게임 시나리오 기획자를 꿈꾸는 분들이 기본 소양을 갖출 수 있기를 바랍니다. 동시에 현재 게임 시나리오 기획자로 재직 중인 분들도 자신이 놓치고 있는 것은 없는지 훑어볼 수 있기를 바랍니다. 한정된 업무만을 반복하고 있다면 시야에 들어오지 않았던 일 중 어떤 것을 해야 시나리오 기획과 연관있을지 참고가 되길 바랍니다.

이 책이 나올 수 있도록 원고를 좋게 봐주신 초록비책공방에 감사드립니다. 재미있게 읽어주세요.

차례

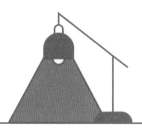

1부 | 게임 시나리오 기초 다지기

게임 시나리오에 대하여

게임 시나리오 기획자에 대하여

3부 | 게임 시나리오 전달하기

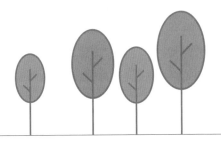

게임 장르 용어 정리

이 책에는 다양한 게임 장르를 예시로 들고 있습니다. 사전 이해를 위해 게임 장르에 대해 정리하겠습니다.

장르	설명	예 *
아케이드 게임	오락실에서 즐기던 게임 장르를 묶어서 부르는 말	
콘솔 게임	게임 전용 기계를 사용해서 즐기는 게임	플레이스테이션, 닌텐도스위치, XBOX 시리즈 등
온라인 게임	네트워크에 접속해서 여럿이 즐기는 게임	
VR 게임	가상현실을 활용한 게임. 머리에 쓰는 디스플레이를 사용	
AR 게임	증강 현실을 활용한 게임 현실에 그래픽을 덧붙이는 방식	
플랫포머 게임	주로 점프를 활용해서 진행하는 게임	슈퍼 마리오, 소닉, 레이맨 등
종스크롤 게임	아래에서 위 방향으로 진행하는 게임	
횡스크롤 게임	왼쪽에서 오른쪽 방향으로 진행하는 게임	
슈팅 게임	탄환을 발사해서 적을 파괴하는 게임	
리듬 게임	음악에 맞춰서 정해진 입력을 하는 게임	비트매니아, DDR, 큰북의 달인 등
격투 게임	상대 캐릭터와 격투를 해서 승패를 결정짓는 게임	스트리트 파이터, 철권 등
FPS 게임	일인칭으로 진행하는 슈팅 게임	콜오브듀티, 오버워치
TPS 게임	삼인칭으로 진행하는 슈팅 게임	배틀 그라운드

장르	설명	예 *
AOS 게임	맵에서 캐릭터를 강화해 적 진영을 파괴하는 게임	리그오브레전드.
레이싱 게임	골인 지점까지 누가 빨리 도착하는지를 겨루는 게임	카트라이더, 릿지레이서
방치형 게임	방치하고 있는 것만으로 진행되는 형태의 게임	
소울라이크	다크 소울 시리즈 형태의 고난도 게임을 일컫는 장르	데몬즈 소울, 다크 소울, 블러드본 등
비주얼노블	화면의 캐릭터를 보며 소설처럼 읽는 방식의 게임	슈타인즈 게이트, 베리드스타즈.
TCG	Trading Card Game. 카드 구성 위주의 게임	하스스톤, 매직더게더링, 유희왕 등
RPG	캐릭터를 성장시키며 주어진 역할을 달성하는 롤플레잉 게임	파이널 판타지, 젤다의 전설 등
MMORPG	온라인으로 여러 사람이 함께 즐기는 RPG	리니지, 로스트아크 등
수집형 RPG	수집이 주요 목적이 되는 RPG	
JRPG	일본식 롤플레잉 게임	드래곤 퀘스트, 파이널 판타지
가챠 게임	뽑기 시스템을 중심으로 구성된 게임	
턴제 게임	서로 차례를 번갈아 가면서 진행하는 게임	

* 게임은 장르가 겹치기도 하고 시대마다 대표적인 게임이 다르기도 합니다.
예시로 든 게임은 참고로 봐주길 바랍니다.

1부

게임 시나리오
기초 다지기

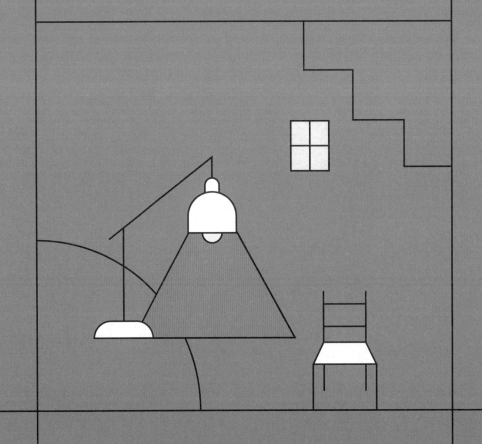

게임 시나리오에 대하여

게임 시나리오란?

게임 시나리오를 알아보기에 앞서 시나리오란 무엇인지에 대해 알아볼까요? 국어사전에서 '시나리오'를 찾아보면 "영화를 만들기 위하여 쓴 각본. 장면이나 그 순서, 배우의 행동이나 대사 따위를 상세하게 설명한다."라고 적혀 있습니다. 하지만 사전에서 말하는 내용은 '영화 시나리오'일 것입니다. 물론 영화 이외에 소설 같은 읽는 매체에서도, 연극이나 뮤지컬 같은 공연 매체에서도, 심지어 마케팅이나 사업 전략에서도 시나리오라는 단어를 사용합니다.

하지만 이처럼 다양한 분야에서 시나리오를 작성하고 활용하고 있으나 각각의 분야에서 말하는 의미는 조금씩 다릅니다. 라디오 드라마라면 대사 중심의 대본이 될 것이고, 마케팅 전략 시나리오라면 데이터 중심의 보고서나 제안서 형태가 될 것입니다. 영화라면 화면에 보이는 모습을 중심으로 스토리보드를 사용하겠지요. 그렇다면 게임 시나리오란 무엇일까요? 게임 시나리오가 다른 분야의 시나리오와 차별되는 가장 큰 특징은 무엇일까요?

이를 알기 위해 일단 검색창에 'game icon'을 검색해 봅시다. 그러면 게임 컨트롤러 모양의 그림들이 주로 나올 거예요. 이는 게임에 대한 본질이 '조작'이라는 걸 암시합니다.

게임의 본질이 조작이라면 게임 시나리오를 다른 시나리오와 구분할 수 있습니다. 즉 게임 시나리오는 '조작이 가능한 시나리오'라는 의미입니다. 이를 다른 말로 표현하면 인터렉션Interaction(상호작용)이라고 할 수 있습니다. 정리하면 게임 시나리오란 게임을 플레이하는 게이머와 상호작용을 하는 시나리오라고 생각하면 정답에 가장 근접할 것입니다.

PRACTICE

해리포터, 위쳐, 포켓몬스터, 스타워즈 등 소설이나 영화, 게임으로 나온 작품 중 하나를 감상하고 각 형태별로 시나리오의 차이를 생각해 봅시다.

....

....

....

....

내러티브 vs 스토리 vs 시나리오

내러티브, 스토리, 시나리오. 이 세 가지 용어의 차이는 뭘까요? 얼핏 봐서는 비슷한 단어처럼 보이지만 사실은 다른 의미를 담고 있습니다.

스토리는 사건의 나열입니다. 줄거리와 비슷한 의미로 사용하지요. 이야기의 흐름과 방향성을 다룹니다. 반면 내러티브는 사건을 경험하는 것에 중점을 둡니다. 이때 이야기를 경험하게 하는 것도 내러티브이지만 이야기를 보여준 후 특별한 감정을 느끼게 하는 것도 내러티브에 포함됩니다. 즉 스토리에는 이야기만 있다면 내러티브에는 이 스토리를 받아들이는 '대상'이 존재합니다. 마지막으로 시나리오는 스토리를 전달하기 위한 구체적인 설계도라고 보면 됩니다. 대본 형태일 수도 있고 데이터나 테이블 형태일 수도 있습니다.

그렇다면 게임 시나리오 기획자는 이 셋 중 어느 형태로 이야기를 다루는 존재일까요? 네, 맞습니다. 바로 시나리오 형태입니다. 그래서 직군 명도 '시나리오 기획자'라고 하는 거고요. 다만 시나리오라는 말을 잘못 해석해서는 안 됩니다. 영화 시나리오나 드라마 시나리오를 찾아보면 대본 형태로 작성되어 있습니다. 이는 영화나 시나리오가 배우에 의해 전달되기 때문입니다. 반면 게임은 그래픽과 코드, 데이터로 전달됩니다. 따라서 게임 시나리오 문서는 개발을 위한 설계가 되어야 하는 것입니다.

하지만 저는 조금 전 '게임에는 상호작용이 필요하다'는 말을 했습니다. 상호작용에는 대상이 존재하며 게이머(대상)는 상호작용을 통해 게임을 경험합니다. 즉 내러티브입니다. 정리하자면 게임 시나리오 기획은 스토리를 기반으로 내러티브를 설계하고 이를 시나리오로 정리하는 일이라고 볼 수 있습니다. 앞으로 이 책에서 스토리, 내러티브, 시나리오라는 용어가 자주 등장할 텐데요, 미리 개념을 확실히 이해하고 넘어가길 바랍니다.

스토리, 내러티브, 시나리오의 차이

구분	스토리	내러티브	시나리오
요소	사건, 줄거리	환경, 대화, 상호작용, 체험	대사, 이벤트, 퀘스트, 설정 등
중심	무엇이 일어났는가	어떻게 경험되고 체험되는가	스토리를 어떻게 만들고 전달하는가

게임으로 표현할 수 있는가

창작을 하는 데 있어 고려해야 할 것은 내가 창작한 시나리오나 설정, 장면이 게임으로 표현이 가능한지입니다. 회사에 소속되어 일을 하는 시나리오 기획자라면 문서를 작성하기 전에 업무 담당자들과 이야기해서 조율할 수 있지만, 취업 준비에 필요한 포트폴리오를 준비한다거나 외주로 일을 하는 프리랜서 기획자라면 혼자서 결정해야 할 때가 많습니다.

그렇기 때문에 시나리오 기획자는 시나리오 개발에 관한 기본 지식을 갖추고 있어야 합니다. 그중 연출 비중이 가장 크므로 그래픽에 관해 이해하고 있어야 하며, 상황에 따라서는 프로그램이나 시스템에 관한 이해도 필요합니다. 이를 위해 추천하는 방법은 게임 엔진을 사용해서 대화 장면을 직접 만들어 보는 것입니다. 시나리오 기획자로서 갖추어야 할 최소한의 지식을 체득할 수 있을 뿐만 아니라 어떤 부분을 더 공부해야 할지, 기획서나 연출 스크립트는 어디까지 작성해야 할지 범위를 가늠할 수 있기 때문입니다. 너무 큰 상상의 나래를 펼친 시나리오 기획서는 버려질 수밖에 없습니다. 개발이 불가능할 테니까요. 개발이 가능한 시나리오라고 하더라도 현재 개발팀의 여건에 맞지 않는다면 마찬가지로 실현될 수 없습니다.

게임에 들어가는 텍스트를 쓰기 위해 게임 시나리오 기획자를 지망하는 것이라면 지금이라도 다시 생각해 보길 바랍니다. 게임 시나리오 기획자는 글만 쓰는 직업이 아니라 시나리오를 게임에 녹여 '전달하는' 직군입니다.

게임 시나리오 쓰기가 어려운 이유

상호작용interaction이 되는 시나리오를 쓰는 건 쉬운 일이 아닙니다. 하지만 이를 더 어렵게 만드는 요소들이 있습니다.

첫째, 플랫폼의 다변화입니다. 플랫폼에 따라 게임 시나리오는 다양한 형태를 취하게 됩니다. 스마트폰 게임 시나리오와 게임기 앞에 앉아 플레이하는 거치형 게임 시나리오는 과연 동일할까요? 시나리오를 단순히 스토리와 인물, 배경 등으로 본다면 같다고 할 수 있습니다. 하지만 앞서 게임 시나리오는 상호작용이 중심이라고 했죠? 언제 어디서나 접속할 수 있고 때로는 한참 켜두고 바라보기만 하는 형태의 게임과 정해진 시간과 장소에서만 해야 하는 게임의 시나리오가 같을 수는 없습니다. 한 화면에 피로감 없이 보여줄 수 있는 텍스트 분량도 차이나고, 플레이를 시작했을 때 평균적으로 소비하는 시간도 다르기 때문이죠. 무엇보다 플레이 빈도가 다르고 조작 체계가 다릅니다. 무엇이 다른지 차차 이야기하겠지만 다른 점을 열거할수록 시나리오가 달라질 수밖에 없겠다는 생각에는 여러분도 아마 동의할 거로 봅니다. 같은 인물, 같은 스토리로 게임을 만들더라도 플랫폼에 따라 시나리오는 달라져야만 합니다.

둘째, 장르에 따라 상호작용이 달라진다는 점입니다. 템포가 빠른 슈팅 게임 시나리오와 느긋하게 플레이하는 전략 시뮬레이션 게임 시나리오가 같을 수는 없습니다. 게임 중에 연출이나 대사를 통해 시나리오를 전달할 수 있는 장르도 있지만, 게임 중에는 집중하게 하고 대신 스테이지 사이 사이에 스토리를 넣어야 하는 장르도 있습니다. 현재 스마트폰의 양대 장르라고 할 수 있는 MMORPG와 수집형 RPG의 경우에도 시나리오의 구성이나 핵심에서 큰 차이를 보입니다. 결국 장르에 따라 시나리오 작성의 방향이 크게 달라질 수밖에 없습니다. 다음 예시를 봅시다.

게임 장르에 따른 시나리오 작성 포인트

게임 장르	시나리오 작성 시 주요 포인트	
JRPG	서사와 캐릭터 중심	플레이어와 캐릭터의 성장
MMORPG	유저간 상호작용	공동의 목표, 공유된 세계
수집형 RPG	수집 요소 중심의 서사	특수 시나리오가 중요
어드벤쳐	서사적 환경 스토리텔링	탐험과 퍼즐 중심
액션 어드벤쳐	단기적 전투 + 장기적 몰입	액션을 통한 내러티브
FPS	간결한 목표와 서사적 동기	짧은 세션의 반복
TPS	상황에서의 캐릭터 부각	긴장감과 연출 중심
라이프 시뮬레이션	무겁지 않은 자유로움을 보장	일상 생활을 통한 전개
경영 시뮬레이션	경영 상황을 트리거로 전개	자원, 효율, 성장 중심
대체 역사	고증에 철저	역사적 인물 및 사건의 재구성
소울라이크	암시적 환경 스토리텔링	서사적 하이라이트 = 보스
퍼즐	퍼즐 해결을 위한 동기 부여	퍼즐 난도와 서사의 매칭
호러	공포감 조성이 중심	긴장감을 끊임없이 강조
비주얼 노벨	시나리오 중심의 서사 전개	선택지에 따른 분기 제공

셋째, 타깃에 따라서 달라진다는 점입니다. 어린아이를 대상으로
한 게임과 노인을 대상으로 한 게임, 20~30대 남성을 대상으로 한
게임과 같은 연령대의 여성을 대상으로 한 게임, 심지어 평소 게임을
하지 않는 비 게이머를 대상으로 삼는 경우도 있습니다. 누가 게임을

하는지에 따라 시나리오가 달라질 거라는 점은 콘텐츠를 만들어 본 사람이라면 충분히 공감할 것입니다.

마지막으로, 조작 체계에 따라 달라진다는 것입니다. 터치로 조작하는 것과 컨트롤러를 사용하는 방식, 키보드와 마우스를 사용하는 방식, 모션을 활용하거나 특정 기기를 활용하는 방식 등에 따라 시나리오 작성은 달라져야 합니다. 조작 방식에 따라 게이머의 집중과 몰입의 차이가 크기 때문이죠. 언제 어떤 방식으로 시나리오를 전달할지도 고려해야겠네요.

이처럼 게임 시나리오는 다양한 측면을 모두 살펴야 하므로 작성하기가 어렵습니다. 물론 타 분야 시나리오도 이와는 다른 요인들로 인해 어려운 점이 있을 거예요. 하지만 게임 시나리오를 할 것이라면 위 내용들을 충분히 고민해야 할 것입니다.

그렇다면 다양한 플랫폼과 다양한 장르와 다양한 타깃과 다양한 조작의 게임들을 모두 고려하여 게임 시나리오를 쓰려면 어떻게 학습하는 것이 좋을까요? 네, 맞습니다. 게임을 다양하게 많이 해야 합니다. 이는 기본 중에 기본입니다.

요즘 스마트폰 게임 시나리오의 지향점

이쯤에서 현실을 이야기해 봅시다. 여러분은 게임을 하면서 모든 시나리오를 읽고 넘어가나요? 그렇다고 한다면 그 시나리오에 관해 주변 친구들과 이야기를 나눌 수 있나요? 여러분의 친구도 시나리오를 이해하고 있을까요?

만약 여러분이 게임을 할 때 시나리오를 모두 읽고 넘어간다면 그것은 아마 여러분이 시나리오에 관심 있는 특별한 사람이기 때문일 것입니다. 대다수의 게이머는 시나리오 연출이 나온다 싶으면 바로 'Skip' 버튼을 눌러 다음 게임으로 진입해 버립니다. 이것이 현실입니다. 그렇다고 여기에서 좌절할 필요는 없습니다. 이는 당연한 현상이고 이에 맞춰 게임은 만들어져야 합니다.

그래서 스마트폰 게임 시나리오는 어떻게 써야 하냐고요?

스마트폰 게임 시나리오의 첫 번째 지향점은 '시나리오를 모르더라도 게임을 하는 데 지장이 없어야 한다'는 것입니다. 시나리오는 텍스트와 대사만으로 전달되는 것이 아닙니다. 화면에 보이는 배경, 적의 강함과 배치, 사용하는 스킬과 무기, 화면 이펙트 등 여러 방식으로 전달될 수 있습니다. 물론 이렇게 전달된 시나리오는 약간의 상상할 여지를 줄 뿐 실제적인 이야기를 전달하지는 않습니다. 하지만 그것만으로도 게임하는 데 지장이 없게끔 작성해야 합니다. 멋진 이야기를 전하고 싶은 마음에 게이머의 시간을 정체시켜서는 안된다는 거죠.

그렇다면 스토리나 설정을 대충 짜도 되냐고 반문할 수 있겠지만, 이 또한 잘못된 이야기입니다. 시나리오를 몰라도 게임하는 데 지장이 없어야 하지만 게이머가 해당 게임에 재미와 애착을 느끼게 되면 시나리오가 궁금해지는 순간이 옵니다. 그때 시나리오는 재미

있게 볼 수 있는 형태가 되어야 합니다. 참 어려운 이야기죠. 하지만 이것이 현재 스마트폰 게임 시나리오의 기본이라고 할 수 있습니다.

두 번째는 '확장이 용이해야 한다'는 것입니다. 잘 알다시피 한국에서 개발되는 대부분의 게임은 서비스 형태로 제공되고 있습니다. 하지만 서비스 형태의 스마트폰 게임 스토리에 엔딩은 있을 리 없죠. 서비스 형태라는 건 계속해서 게임이 제공된다는 의미이므로 고객이 있는 한 끝이 있어서는 안 됩니다. 스토리가 마무리된다면 더 이상 게임을 할 이유가 없어질 테니 계속해서 게임을 할 거리가 늘 있어야 하지요. 이처럼 끝이 존재하지 않아야 하기 때문에 스마트폰 게임 시나리오는 영원히 이야기가 확장되어야 합니다.

게임이 아닌 다른 장르의 시나리오에는 반드시 끝이 있습니다. 영화도, 드라마도, 소설도 끝이 있지요. 그리고 그 결말을 향해 조금씩 빌드업해 나갑니다. 하지만 스마트폰 게임은 서비스가 지속되는 이상 계속해서 확장되어야 합니다. 심지어 확장의 방향성은 개인이 판단할 수 없습니다. 매출이 부족하다면 매출과 관련한 콘텐츠가 업데이트되어야 하고, 신규 유저 유입이 필요하다면 그와 관련한 내용이 필요할 수도 있습니다. 그렇기에 어떤 형태의 확장 요구가 들어와도 대응할 수 있도록 사전 구성을 해야 하지요. 그리고 이 부분은 세 번째 지향점과 밀접하게 연관되어 있습니다.

스마트폰 게임 시나리오의 세 번째 지향점은 '사업 방향이나 회사 정책을 중심으로 전개되어야 한다'는 것입니다. 예를 들어 수집형 RPG 게임에서 10명의 캐릭터를 업데이트한다고 가정합시다. 그

10명의 캐릭터는 각각의 확률이 다를 것이고 성능도 다를 것입니다. 그렇다면 그 캐릭터들의 시나리오 비중은 과연 똑같을까요? 아마 아닐 겁니다. 높은 등급의 게이머들을 대상으로 한 이벤트와 신규 게이머들을 대상으로 한 이벤트의 시나리오는 동일할까요? 만약 다르다면 그중에 어떤 것을 써야 할까요? 신규 게이머가 게임에 조금 더 애정을 느끼고 접속을 유지하도록 해야 할 텐데, 이들에게 높은 과금의 아이템을 소재로 한 시나리오를 전달한다면 긍정적인 방향으로 결과가 나올 수 있을까요?

이러한 질문은 비단 스마트폰 게임뿐만 아니라 서비스 형태인 대다수 게임에서 해결해야 할 과제일 것입니다.

TRPG와 게임 시나리오

Table Talk Role Playing Game을 줄여 TRPG라고 합니다. 〈던전 앤 드래곤즈〉로 명성을 얻은 이 보드게임은 현재 우리가 플레이하는 RPG의 기초를 정립했지요. 몬스터를 잡아서 경험치를 높이고 레벨을 올린다거나 레벨이 오르면 능력치가 오르는 점. 능력치의 종류, 판타지 장르에서의 직업인 전사, 마법사 등의 구성, 던전이라는 지역의 존재 등 거의 모든 면에서 기준을 세운 게임입니다.

저는 게임 기획자들에게 TRPG를 권유하곤 하는데요. 특히 시나리오 기획자라면 더더욱 중요하게 생각합니다. TRPG 시나리오를 해봤다면 일반적인 시나리오와의 차이를 가장 확실히 이해할 수 있기 때문입니다. 간단한 예를 들어 보겠습니다.

> 던전 입구를 열쇠로 열고 들어가자 긴 복도가 이어집니다. 복도 끝에는 넓은 방이 위치해 있습니다. 방에 들어가자 머리가 셋 달린 커다란 개가 불을 뿜으며 달려듭니다. 검을 휘둘렀으나 개를 베어내기는커녕 검이 부러집니다. 몸체가 쇠처럼 단단한 것 같습니다. 아무래도 이길 수 없을 것 같아 도망치려고 하자 들어온 방 입구에 철창이 내려옵니다. 도망갈 수 없습니다. 동료 중 하나가 마법 주문을 외웁니다. 그러자 개는 금세 잠이 듭니다. 아무래도 마법에 대한 내성은 약한 것 같습니다. 이제 방에서 탈출해야겠네요. 개 뒤편으로 작은 스위치가 보입니다. 스위치를 누르자 철창이 다시 열렸습니다.

위 내용을 영화나 애니메이션으로 만든다면 어떻게 정리해야 할까요? 아마도 영화는 대본 형태로, 애니메이션은 콘티 형태로 작업할 것입니다. 하지만 게임은 다릅니다. 영화 대본이나 애니매이션 콘티는 게임 시나리오가 아닙니다.

게임 시나리오는 영화와 같은 시나리오와 아주 기본적인 부분에서부터 어긋납니다. 위 내용을 게임으로 바꿀 때 제일 먼저 해야 할 일은 '인물'을 제외하는 것입니다. 영화, 소설, 만화 등은 인물의 행동을 중심으로 전개되지만 게임은 그것이 불가능하죠. 인물은 게임을 플레이하는 게이머 자신이기 때문입니다. 직접 조작하고 자유롭게 움직이므로 위에 쓴 것처럼 검을 휘둘렀으나 오히려 검이 부러졌다. 몸체가 쇠처럼 단단한 것 같다는 식의 스토리 전달은 불가능합니다. 게이머인 '나'는 검을 휘두르지 않고 도망칠 수도 있고 처음부터 마법을 사용하거나 그물 같은 도구로 개를 덮을 수도 있으니까요. 그럼 시나리오에서 인물이 빠진다면 위 내용은 어떻게 전개해야 할까요?

> 던전 입구를 열쇠로 열고 들어가자 긴 복도가 이어집니다. 복도 끝에는 넓은 방이 위치해 있습니다. 방에 들어가자 머리가 셋 달린 커다란 개가 불을 뿜으며 달려듭니다. 검을 휘둘렀으나 개를 베어내기는커녕 검이 부러집니다. 몸체가 쇠처럼 단단한 것 같습니다. 아무래도 이길 수 없을 것 같아 도망치려고 하자 들어온 방 입구에 철창이 내려옵니다. 도망갈 수 없습니다. 마지막 수단으로 마법 주문을 외웁니다. 그러자 개는 금세 잠이 듭니다. 아무래도 마법에 대한 내성은 약한 것 같습니다. 이제 방에서 탈출해야겠네요. 개 뒤편으로 작은 스위치가 보입니다. 스위치를 누르자 철창이 다시 열렸습니다.

위 내용에서 인물의 행동을 모두 삭제했습니다. 이제 이 내용으로 정리를 해야 하는데요. 남아있는 내용을 나누면 몇 가지로 구분할 수 있습니다.

❖ 배경: 던전 입구

- 입구 문 → 열쇠 사용 → 문이 열림

❖ 배경: 긴 복도

- 던전 입구와 넓은 방을 연결

❖ 배경: 넓은 방

- 철창 → 들어오려고 하면 열림 → 나가려고 하면 닫힘
- 스위치 → 철창을 열고 이후 작동하지 않도록 함

❖ 몬스터: 머리가 셋 달린 커다란 개 한 마리

- 동작 → 불을 뿜으며 달려들기
- 속성 → 강철 피부 → 근접 무기 공격 시 무기 파손
- 속성 → 마법에 약함 → 마법의 경우 상태 이상 무조건 적용

이처럼 인물을 뺀 나머지를 설정하고 인물의 행동은 게임의 여러 요소를 통해 행동을 유도하는 형태로 배치합니다. 즉 이야기를 진행하는 인물이 없다는 점이 게임 시나리오의 가장 큰 특징인 거죠.

물론 위의 내용은 매우 단순화한 형태입니다. 실제로는 복도라고 해도 복도의 분위기나 크기, 벽의 재질, 벽에 횃불이 걸려 있는지, 떨어져 있는 아이템은 없는지 등 세세하게 정해야 합니다. 영화는 정해진 무대에서 극이 진행되지만 게임은 그 무대조차 그래픽으로 한땀

한땀 만들어야 하기 때문이죠. 동굴처럼 소리가 울린다면 그에 대한 설정도 해야 하고, 물이 똑똑 떨어지고 있다면 효과음까지 지정해야 합니다. 전부 만들어야 하니까요.

이런 부분을 효과적으로 트레이닝할 수 있는 것이 바로 TRPG 시나리오입니다. 플레이어들의 행동에 따라 여러 갈래로 이야기가 달라지니까요. 일반적인 디지털 게임의 시나리오는 시스템에서 허용하는 행동이 어느 정도 고정되어 있으니 TRPG 시나리오에 비하면 제작 난도가 낮습니다. 어쨌든 게임 시나리오는 인물을 중심으로 전개되는 것이 아닌 인물을 위한 시나리오라는 것, 꼭 기억하길 바랍니다.

시나리오 기반 게임 vs 게임 기반 시나리오

게이머와 시나리오 기획자 지망생들이 많이 착각하는 것이 있습니다. 게임을 개발할 때 시나리오가 우선되며 시나리오에 맞춰 시스템과 리소스Resource(게임에 들어가는 모든 그래픽 및 사운드 요소 등의 자원을 통칭하는 말), 캐릭터 등을 만든다는 생각입니다. 과연 그럴까요?

인기있는 소설이나 영화 등을 게임으로 만드는 프로젝트라면 말이 안 되는 이야기는 아닙니다. '스타워즈'나 '해리포터' 같은 작품을 게임으로 만든다면 이미 정해진 시나리오나 캐릭터가 존재하지요. 하지만 대부분의 게임은 게임의 차별점이나 특징이 미리 정해져 있습니다. 그것이 시스템이든 콘텐츠든 말이지요. 물론 시나리오상의 차별점이 있을 수도 있습니다. 하지만 프로젝트 시작 시점부터 시나리오가 존재하는 경우는 거의 없으며, 개발에 앞서 시나리오를 먼저 작성하지도 않습니다. 시나리오를 중시하는 게임이라 하더라도 개발에 투입 가능한 최소 인력과 기간, 비용 등을 먼저 산정한 후 그 안에서 진행될 시나리오를 작성하는 것이 맞습니다. 다만 게이머들은 시나리오를 통해 게임을 접하는 경우가 많고 시나리오 지망생들 역시 스토리와 설정에 먼저 시선이 가기 때문에 이런 오해를 하게 되는 것이죠.

게임 시나리오는 당연히 게임을 기반으로 그에 맞춰 작성되어야 합니다. 그러려면 게임의 시스템적이고도 콘텐츠적인 이해가 필요하며 이를 위한 개발 지식을 가지고 있어야 합니다. 즉 RPG에 맞는 시나리오와 슈팅 게임이나 퍼즐 게임에 맞는 시나리오는 다릅니다. 동일 장르 안에서도 마찬가지입니다. 같은 RPG라도 전투 시스템이 액션이냐 정령 소이냐 혹은 총을 사용하느냐 아니면 전투가 아예 없느냐에 따라 시나리오는 달라져야 할 것입니다. 결국 게임 시나리오는 완전한 창작 스토리가 아니며 주어진 조건에 맞춰 작성해야 하는 것이죠.

그렇다면 시나리오 기반의 게임은 시나리오 작성이 수월할까요? 이 경우 또 다른 문제가 있습니다. 이미 존재하는 시나리오는 게임의 것이 아닐 가능성이 높으므로 기존 시나리오의 요소들을 어떻게 게임화할지에 대한 고민이 더해져야 하는 것이죠. 스토리는 수동적인 콘텐츠이지만 게임은 능동적인 콘텐츠라서, 즉 이야기를 전달하는 것이 아니라 경험하게 해야 하기 때문에 많은 부분에서 재조립해야 하는 거죠. 기존 시나리오를 좋아하는 사람들을 주요 대상으로 하므로 그들이 원하는 부분을 잘 파악해야 할 필요도 있고요.

이 책에서 다루는 게임 시나리오 기획

일반적으로 여러분이 생각하는 게임 시나리오 기획자는 어떤 일을 하는 사람인가요? 아마 대부분은 글을 쓰는 것을 상상하겠지요? 하지만 앞서 말했듯 이 책에서 말하는 게임 시나리오는 조금 다릅니다. 게임 시나리오는 단순히 텍스트만으로 전달되지 않습니다. 요즘은 텍스트가 길게 나오면 대부분의 게이머가 단호하게 'Skip' 버튼을 누릅니다. 스토리를 읽고 싶어 하는 사람은 극소수이죠.

반면 게임의 스토리를 알고 싶어 하는 사람은 많습니다. 처음부터 알고 싶어 하기도 하지만 게임을 하는 도중에 궁금증이 생기기도 합니다. 그렇다면 게임 시나리오는 어떻게 전달해야 할까요? 글을 읽지 않는 시대의 게임 시나리오는 다양한 방법으로 전달되어야 합니다. 그리고 이 모든 것이 게임 시나리오 기획에 포함됩니다.

예를 들어 강한 몬스터를 표현하려면 어떻게 해야 할까요? 텍스트가 아니더라도 강해 보이는 외형으로 그래픽을 만들 수도 있고, 몬스터를 쳐다보는 사람들의 두려운 표정이나 행동으로 표현할 수도 있습니다. 게임에 따라서는 시각적인 방법이 아니라 숫자 등으로 표현할 수도 있을 거고요.

반드시 글로 전달해야 하는 항목도 있기는 합니다. 이 경우 UI 크기에 맞춰 텍스트를 적어야 하며 그 안의 글을 다 읽지 않아도 알 수 있도록 중요한 단어는 잘 보이게 배치를 해야 합니다. 이런 부분 역시 시나리오를 전달할 수 있는 테크닉입니다.

몬스터의 성격을 표현할 때도 이름이나 성격에 대한 서술이 아닌 아이콘으로 표현하거나 인공지능을 통한 행동 패턴으로 표현할 수도 있습니다.

지금까지는 전달하는 것에 관해 이야기했지만 창작하는 형식에 있어서도 기존의 방식과는 많이 다릅니다. 여러 캐릭터를 뽑아서 그 위주로 이야기가 진행되는 수집형 RPG와 게이머 자신이 주인공이 되어 거대한 세계관을 여행하는 MMORPG, 명확한 끝이 있는 이야기를 다루는 콘솔 등의 JRPG는 캐릭터를 다루는 방식에서부터 큰 차이가 있으니까요.

프롤로그에서 밝혔듯 이 책에서 일반적인 글쓰기 작법은 알려드리지 않습니다. 창작에 앞서 각 게임이 어떤 차이가 있는지를 알아보고, 시나리오를 표현하고 전달하기 위해 게임 기획자로서 알아두어야 할 부분들을 알려드릴 것입니다.

게임 사례

던전 앤 드래곤즈

TRPG의 원형은 어디에 있을까요? 이전에도 우리가 알 수 없는 게임들이 더 존재했을 수 있지만 상업적/대중적으로는 〈던전 앤 드래곤즈〉를 최초라고 보는 경우가 많습니다. 실제로 이 게임 이후로 TRPG는 폭발적으로 성장했으니까요.

〈던전 앤 드래곤즈〉에는 인간, 엘프, 드워프, 하프링 같이 판타지의 기초가 되는 종족들은 물론 전사, 마법사, 도둑, 성직자 등 직업적인 원형도 그려져 있습니다. 현실의 성직자와 달리 게임 속 성직자들은 회복 마법을 사용하여 되살아난 시체를 무력화하는 턴 언데드를 사용하는데, 이런 기본 원형이 〈던전 앤 드래곤즈〉에서 나왔다고 해도 무방합니다. 그 외에 고블린이나 오크를 비롯한 드래곤까지 몬스터들의 기본 원형도 여기에서 나왔지요. 뿐만 아니라

RPG에서 사용하는 캐릭터의 능력치 역시 〈던전 앤 드래곤즈〉을 기반으로 한다고 볼 수 있습니다. 이처럼 현대 게임의 원형을 제시한 것이 TRPG입니다.

이는 게임을 연구한다면 당연히 한 번쯤은 들여다봐야 합니다. 시나리오 측면에서는 더욱 중요하지요. 기회가 된다면 꼭 해보기를 권합니다.

TRPG는 〈던전 앤 드래곤즈〉만 있는 것이 아닙니다. 이후에도 계속해서 발전을 거듭했고 국가별로 다른 형태로 전개되었습니다. 일본식 TRPG는 특정 IP를 활용하거나 캐릭터 중심인 경우가 많습니다. 이는 JRPG의 특징이기도 하니 참 신기하지요. 미국식 TRPG는 새로운 세계관을 가지고 나오는 경우가 많습니다. 최근에는 마스터의 역할이 최소화되거나 아예 마스터 없이 플레이어끼리만 진행하는 TRPG도 등장하고 있습니다. 주변에 게임 시나리오를 공부하는 친구들이 있다면 꼭 한번 모여서 TRPG를 플레이해 보세요. 게임용 시나리오가 어떻게 달라야 하는지 백 번 듣고 읽는 것보다 한번 체험해 보고 작성해 보는 편이 좋은 방법입니다.

게임 시나리오 기획자에 대하여

게임 시나리오 기획자가 하는 일

무책임하게 들릴 수 있지만 게임 시나리오 기획자는 회사마다 하는 일이 다릅니다. 왜냐고요? 시나리오 기획자라는 직군이 의미하는 범위가 너무 넓기 때문입니다.

게임 콘셉트나 초기 설정부터 시작해서 가볍게는 단순 퀘스트 양산까지, 아이템 설명이나 대사, 회사에 따라서는 맵을 만들거나 몬스터를 배치하는 레벨 디자인까지 담당하기도 합니다. 영상 관련 콘티를 그리거나 몬스터 AI를 작업하기도 하지요. 안타까운 일이지만 게임 시나리오 기획이라는 직군은 한국에서만큼은 아직 정형화되지 못한 거죠. 회사에 따라서 부르는 직함은 다르지만 크게 4개 직군으로 나눠볼 수는 있겠습니다.

❖ 게임 시나리오 작가

· 게임에 들어가는 시나리오를 작성한다.

· 스토리와 인물, 사건 등을 함께 설정하기도 한다.

· 게임 개발에 대한 지식은 크지 않다.

❖ 게임 시나리오 라이터

· 시나리오를 게임에 들어갈 수 있는 형태로 작성한다.

· 스크립트 또는 테이블 형태로 데이터를 가공한다.

· 대사와 표정, 모션과 연출, 사운드까지 다룰 수도 있다.

❖ 게임 시나리오 기획자

· 레벨 디자인, AI 및 패턴, 환경, 연출 및 콘텐츠 제작, 시스템 등 게임 시나

  리오를 전달할 수 있는 다양한 기획을 한다.

· 시나리오를 중심에 둔 시선으로 거의 모든 기획에 참여한다.

❖ 퀘스트 기획자

· MMORPG 등 일부 장르에서만 활용된다.

· 퀘스트를 기획하며 여기에 들어가는 대사와 스크립트 이외에 데이터 및

  콘텐츠까지 다룬다.

위 4개 직군은 각각의 포지션이 명확하다고 볼 수 있습니다. 게임

시나리오 작가는 최근 외주 형태로 이용하는 회사가 많고 원작 IP로

게임을 개발하는 경우도 있어서 고용 수요가 적을 수 있습니다. 게임 시나리오 라이터는 시나리오 신이 있는 거의 모든 게임에서 필요한 인력이긴 하지만 게임에 따라서는 일이 많지 않아 다른 직군과 겸업 하는 경우가 많습니다. 게임 시나리오 기획자는 시나리오를 중심으로 다양한 일을 하는 전천후 직군이지만 그만큼 스토리나 글에 대한 전문성은 떨어질 수 있습니다. 마지막으로 퀘스트 기획자는 특정 장르에만 있는 직군이긴 하지만 일을 하면서 시스템과 콘텐츠 등을 접할 수 있는 것은 장점입니다.

이렇게 4개 직군으로 나누긴 했어도 앞서 말한 것처럼 회사마다 시나리오 기획자에게 원하는 업무 역량도, 작업 스타일도 다르므로 각 회사의 구인 공고를 보고 어떤 업무를 하는지 확인해 보길 바랍니다.

게임 시나리오 기획자의 소양, 다양한 소재 이해하기

게임 시나리오 기획자에게 필요한 소양 중 하나는 다양한 소재에 대해 잡학 다식해야 한다는 것입니다. 역사 게임을 만드는데 다른 직군도 아닌 시나리오 기획자가 역사를 모른다면 시나리오 작성이 가능할까요? 밀리터리 게임을 만드는데 무기에 대해 하나도 모른다면요? 오타쿠를 타깃으로 게임을 개발하는데 오타쿠 문화를 전혀 모른다면 아마 할 수 있는 일이 많지 않을 것입니다.

게임 시나리오 기획자는 소재와 분야를 가리지 않고 잡학지식을 많이 알수록 좋습니다. 한두 분야를 집중적으로 파고들 수도 있지만 그러면 만들 수 있는 게임의 종류가 한정되어 버립니다.

소재에 대한 이해가 부족한 채 시나리오를 작성한다면 어떻게 될까요? 해당 소재에 관심을 두고 있던 게이머들을 중심으로 게임에 대한 가치가 하락하겠지요. 즉 해당 소재에 대한 게이머의 기대치를 충족시키는 것은 선택이 아닌 필수입니다.

그렇다면 소재에 대해 잡학 다식하려면 어떻게 해야 하느냐. 단순한 학습으로는 부족합니다. 이론적인 상식과 게이머들이 생각하는 상식은 다를 수 있고 트렌드에 따라 달라지기도 하니까요. 단순 학습이 아닌 이해가 필요한 거죠. 그러려면 다양한 콘텐츠에서 특정 소재를 어떻게 다루고 있는지를 파악해야 합니다. 또한 각각의 콘텐츠에서 사용자의 반응이 어떤지도 계속해서 모니터링해야 합니다. 결국 게임 시나리오 기획자가 되는 순간 많은 양의 콘텐츠 감상과 분석이 필요해질 수밖에 없습니다.

보여주기에 대한 부담

글로 전달되는 이야기는 언제 완성되는 것일까요? 저는 독자에게 보일 때라고 생각합니다. 아무리 좋은 스토리라도 혼자 간직하고 있으면 의미가 없으니까요. 특히 게임은 텍스트 이외에 다양한 형태로 전달되기 때문에 텍스트를 포함해 모든 걸 보여줄 수 있는 용기가 필요합니다. 일례로 개발팀과 함께 시나리오를 개발한다고 해봅시다. 이 경우 시나리오를 쓰는 동안 팀원이 바로 뒤에서 보고 있을 수도 있고 실시간으로 수정을 요청할 수도 있습니다. 다시 말해 불특정 다수에게 글을 보여주는 것에 익숙해질 필요가 있다는 말입니다.

매우 부담스러울 수 있지만 시나리오가 완성될 때까지 기다렸다가 수정할 수가 없어요. 개발 속도나 효율 면에서 뒤처질 수밖에 없거든요. 그렇게 일한다면 결국 AI에 일을 빼앗기게 될지도 모릅니다. 인간이 AI보다 나은 점은 한 문장, 한 글자 단위의 개입이 가능하다는 건데 다 쓴 다음에 수정하는 거라면 AI가 더 잘하지 않겠어요?

자기가 작성한 시나리오는 자기 자신이 가장 잘 이해할 거로 생각하겠지만 놀랍게도 그렇지 않은 경우가 많습니다. 글쓴이의 의도보다는 게이머들이 어떻게 생각하고 받아들이는지가 중요한데, 이는 게임 기획자나 개발자들이 더 잘 알기 때문이에요. 시스템이나 사업성에 대해서도 마찬가지고요. 그러므로 자기 창작물에 대해 자부심을 느끼는 것은 좋지만 상황에 따라 타의에 의해 수정하는 것에 있어 거부감을 가져선 안 될 것입니다.

게임 시나리오 작가가 작성하는 글은 자기 것이 아닙니다. 게임 상황이나 개발 이슈에 따라 언제든지 바꿀 수 있어야 하며 누군가가 작업물을 지켜보는 것에도, 수정 요청에도 스트레스 없이 받아들일 마음가짐이 필요하겠습니다.

시나리오 기획자의 필수 능력, 커뮤니케이션

시나리오 쓰는 사람을 상상해 보세요. 어떤 모습이 떠오르나요? 방에 틀어박혀 머리를 쥐어뜯으며 글을 쓰고 있는 사람일까요? 게임 시나리오의 경우는 조금 다릅니다. 여러 사람이 함께 글을 쓰는 직종이기 때문입니다. 사실 위와 같은 모습으로 '시나리오 작가'에 대한 이미지가 굳어져 오해하는 경우가 많습니다. 열심히 공부해서 시나리오 기획자로 취업한 신입 중 몇 분이 저에게 상담을 요청한 적이 있습니다. 일이 맞지 않는 것 같다며 회사를 그만두어야 하는지 고민 중이라는데, 그 이유를 찬찬히 들어보니 원인이 명확했습니다.

게임 시나리오 기획은 함께하는 일입니다. 시나리오에 맞는 시스템이나 콘텐츠, 그래픽 리소스를 개발하는 경우도 많고, 이와 반대로 이미 있는 시스템과 관련한 시나리오를 재작성해야 할 수도 있습니다. 매출이 떨어지면 새로 추가된 아이템이나 비즈니스 모델에 따라 게이머의 관심을 끄는 이야기를 추가해야 할 수도 있죠. 특정 인기 캐릭터를 중심으로 이야기를 새로 써야 할 수도 있습니다.

시나리오는 글만 쓰는 일이 아니라고 했지요? 그래픽 요소를 활용해 캐릭터의 성격을 보여줘야 할 수도 있고, 몬스터의 패턴이나 AI를 활용해야 할 수도 있습니다. 그러다 보니 커뮤니케이션이 굉장히 중요합니다. 글을 성실히 잘 쓰는 것도 중요하지만 그 이상으로 조직 내의 여러 직군과 소통하고 이야기하는 것이 중요하다는 말입니다. 소통이 안 된다면 외주 작가나 AI를 활용하는 것과 다를 바 없겠지요.

글을 쓰는 사람 중에는 타인과의 관계에서 스트레스를 받는 내향적인 사람도 많습니다. 하지만 그 성격 그대로 게임 시나리오 기획자가 된다면 일을 하는 내내 힘들고 당혹스러운 상황에 부딪힐 수 있습니다. 그러므로 게임 시나리오 기획자가 되고자 한다면 다른 사람과의 커뮤니케이션을 많이 해보는 편이 좋습니다.

기획 의도 다루기

게임 기획에 있어서 기획 의도는 그 무엇보다 중요합니다. 그리고 게임 시나리오에 있어서는 더더욱 신경 써야 하는 부분입니다. 그 이유는 다른 일에 비해 시나리오 작업은 순수한 창작이 많이 들어갈 여지가 있기 때문입니다.

창작성은 중요한 가치일 수 있지만 게임에서의 자유분방한 창작은 독이 될 수도 있습니다. 게임에 등장할 캐릭터를 작성한다고 가정합시다. 대부분의 초보 시나리오 기획자는 다음과 같은 방식을 보입니다.

- 매력적인 캐릭터를 구상한다.
- 외형과 성격, 스토리와 기타 기반 설정을 잡는다.
- 이 캐릭터를 게임에 맞게 세부 설정을 한다.

이 방식은 게임에서만큼은 옳지 않습니다. 왜냐고요? 매력적인 캐릭터라는 기준은 자기에게만 통용되는 기준입니다. 이는 최신 게임을 잘 알고 있고 요즘 트렌드에 맞는 매력을 이해하고 있다고 해도 마찬가지입니다. 게임의 장르나 타깃, 성격에 따라 매력적인 캐릭터라는 기준은 달라지기 때문이지요.

무엇보다 첫 번째와 두 번째 항목은 순수 창작의 여지가 많은데요. 게임에서는 목적이 우선되어야 합니다. 게임 플레이어에게 어떤 체험을 전달하고 싶은지가 중요하고 게임에 따라서는 캐릭터가 상업적인 포인트로 작용할 수도 있습니다. 이를테면 캐릭터 수집이 매출의 중심인 게임이라면 캐릭터 가치는 스토리 중심의 게임과는 크게 달라지겠지요.

멋지고 방대하며 감동적인 스토리를 쓰고 싶나요? 개발 중인 게임의 콘셉트나 방향성이 게이머에게 스토리로 감동을 주는 것이라면 모르겠지만 그것이 아니라면 감동적인 스토리를 쓰겠다는 것은 접어두세요. 대신 게임의 기획 의도를 확실히 인지하도록 합니다. 〈소울라이크〉처럼 어려운 난도로 집중력과 몰입감을 끌어올리는 게임을 개발하려 한다면 시나리오나 스토리도 당연히 무겁고 깊어야 할 것입니다. 〈동물의 숲〉처럼 밝고 귀여운 게임을 만드는데 그 안에서 대학살이 일어나면 전혀 어울리지 않겠지요.

핵심이 되는 기획 의도를 정했다면 이후의 모든 기획과 설정은 의도에 맞게 들어가야 합니다. 스토리와 설정을 예로 들어보겠습니다.

- 게임의 기획 의도를 정한다.
- 세계관 설정에 앞서 게임의 기획 의도를 세계관에서 어떻게 다룰지, 즉 세계관 기획 의도를 정한다.
- 세계관 기획 의도에 맞춰 세계관의 세부 설정을 기획한다.
- 해당 세계관에 어떤 스토리를 부여하면 게임의 기획 의도를 살릴 수 있을지를 고려해 스토리 기획 의도를 정한다.
- 스토리 기획 의도에 맞춰 스토리의 큰 줄기를 잡고 분류한다. 분류하는 의도도 반드시 설정한다.
- 분류된 부분마다 기획 의도에 맞춰 스토리의 세부 내용을 작성한다.

이처럼 게임 기획 의도는 세분될수록 '기준'으로 작동합니다. 아이템의 기획 의도, 캐릭터의 기획 의도, 몬스터의 기획 의도 등 모든 설정과 기획에는 의도가 존재하며 이것을 반드시 먼저 정한 후 기획에 들어가야 합니다.

만약 반대로 자유로운 창작을 먼저 하고 이를 게임의 기획 의도에 꿰맞추면 어떻게 될까요? 캐릭터든 스토리든 게임에 녹아들지 못한 '튀어나온 못'이 될 가능성이 높습니다. 물론 서브 퀘스트나 소모 아이템처럼 의도에 대한 중요성이 상대적으로 낮은 콘텐츠나 항목도 있지만 의도를 정하고 이를 살리는 창작 습관을 갖는 것은 게임 시나리오 기획에서 오래 쓸 수 있는 무기 하나를 획득하는 것과 같습니다.

또 하나, 기획 의도를 정함에 있어 가장 주의해야 할 점은 내가 생각한 의도가 게이머 입장에서 생각한 것인가, 회사 입장에서 생각한 것인가 하는 점입니다. 당연히 게이머 입장에서 창작하는 것은 좋지 않습니다. 회사에서 캐릭터를 만들고 있다면 무언가 목적이 있을 것입니다. 매출을 높이기 위한 것일 수도 있고 게이머에게 어필하여 접속을 늘리려는 것일 수도 있습니다. 혹은 세계관을 전달하거나 새로운 이벤트 진행을 유도하기 위한 캐릭터일 수도 있지요.

하지만 어떤 의도로 만들어졌더라도 게이머에게 캐릭터는 위와 같은 의미로 받아들여지지 않습니다. 게이머들은 어떤 캐릭터든 공짜로 사용하고 싶어 할 것이고 세계관을 어필하거나 이벤트 진행을 위해 만들어졌다고 느끼지도 않을 것입니다. 게이머들은 캐릭터를 그냥 받아들입니다. 예를 들어 특정 직업군의 밸런스 보정을 위한 캐릭터를 만든다고 할 때, 기존 게임에서 '전사'가 너무 강했다면 신규 캐릭터는 어떤 직업으로 만들어야 할까요?

정답은 '회사의 정책에 따라 달라진다'입니다. 잘 나가는 전사 캐릭터를 더 만들어야 할 수도 있고, 마법사 캐릭터를 추가해서 게임 내 직업군의 균형을 맞추려 할 수도 있습니다. 하지만 게이머들은 그저 자신이 플레이하는 직업의 캐릭터가 강해지기를 원할 것입니다. 즉 '전사'로 플레이는 게이머와 '마법사'로 플레이하는 게이머는 서로 다른 것을 원하게 되지요.

이처럼 게임을 만드는 사람과 플레이하는 사람은 서로 다른 시야로 게임을 바라보게 됩니다. 따라서 기획자가 되려면 게이머로서의 시야가 아닌 게임을 개발하는 사람의 것으로 전환되어야 합니다. 기획 의도는 이를 나타내는 가장 기본적인 요소입니다.

더 라스트 오브 어스

너티독에서 발매한 이 게임은 전 세계를 발칵 뒤집어 놓았습니다. 게임 자체가 잘 만들어지기도 했지만 많은 게이머가 이 게임에 깊은 감동을 느꼈죠. 그 이유는 디자인의 핵심에 내러티브가 있기 때문입니다. 게임의 메커니즘과 대사, 연출 하나까지 이만큼 내러티브에 충실한 게임은 찾기가 힘들지 않을까 싶은데요. 단순히 스토리가 좋다기보다는 조엘이라는 주인공에게 깊이 공감되기 때문입니다. 조엘은 좀비 발발 사태에 어린 딸을 잃고 운반책으로 일을 하던 도중 한 소녀를 운반해 줄 것을 요구받습니다. 이에 그는 괴물화된 인간들과 조직을 피해 그녀와 함께 멸망한 세계를 여행하죠. 이 과정에서 우리는 조엘의 감정에 점점 몰입하게 되고 최종 선택의 순간을 맞이하게 됩니다.

모든 게이머가 딸을 가진 부모는 아닐 것입니다. 그럼에도 조엘의 마음을 느낄 수 있게 되는 것은 게임만이 할 수 있는 내러티브의 진수가 아닐까 싶습니다. 우리에게 조엘은 옳은 일을 하는 중년 남성이 아닌 나의 분신이 됩니다. 그리고 그의 선택과 고뇌에 함께하게 되지요. 게임을 하다 보면 오히려 조엘이 도움을 받거나 어딘가에 갇히거나 결박된 절체절명의 순간을 맞이하기도 합니다. 이 순서와 구성, 연출이 절묘하게 기획되어 있어 이를 겪는 과정에서 우리는 조엘이 지켜야 하는 소녀에게 점점 동일한 사명감을 느끼게 됩니다. .

저는 개인적으로 기린이 나오는 장면이 가장 기억에 남습니다. 멸망한 세계를 다루는 게임에서 기린이라니… 이상하지요? 이는 설명이 쉽지 않습니다. 경험을 통해서만 느낄 수 있는 부분이거든요. 게임을 해봤다면 아마도 어떤 감정일지 이해할 겁니다.

반면 〈더 라스트 오브 어스 2〉는 출시 후 큰 비난을 받고 실패했습니다. 1편을 플레이했던 게이머들이 동일시했던 조엘이 무참히 살해되는 장면으로 시작하기 때문입니다. 심지어 그 직전에 조엘을 조작하게 해둠으로써 옳은 일을 한 나 자신이 부당한 일을 당한다는 느낌마저 받았으니까요.

이 게임을 마지막까지 해본 입장에서 말하자면 〈더 라스트 오브 어스 2〉도 게임 메커니즘이나 연출 면에서는 훌륭한 게임이었습니다. 하지만 시리즈물에서의 '내러티브의 붕괴', 즉 동일시했던 캐릭터의 처참한 결말을 게이머들은 받아들이지 못했지요.

〈더 라스트 오브 어스 1〉이 전 세계 게이머와 게임 디자이너, 시나리오 기획자들에게 큰 울림을 주었다면 〈더 라스트 오브 어스 2〉는 조금 다른 의미에서 또 다른 가르침을 주는 작품입니다. 게임 내러티브를 제대로 경험하고 싶다면 강력히 추천합니다.

2부

게임 시나리오
표현하기

보이는 글쓰기

읽히는 글 vs 보이는 글

게임은 계속해서 변화합니다. 이에 따라 게임 시나리오도 변화하고 있습니다. 초창기 게임들은 시나리오를 표현할 때 글자를 사용할 수 없었습니다. 그래서 조악한 그래픽으로 표현하거나 게임 설명서, 광고를 통해 시나리오를 전달했지요. 그러다가 게임에서 텍스트를 사용할 수 있게 되면서 게임 속 시나리오는 읽는 것으로 변화했습니다. 1980~1990년대 RPG는 대부분 읽는 형태로 시나리오를 전개했지요. 그리고 이 시대에 게임을 하며 자라온 사람들이 현재 시나리오 기획자 중 시니어급이 되었습니다.

문제는 여기에서 발생합니다. 요즘 게임 중 상당수는 시나리오를 텍스트로 표현하는 것이 효율적이지 않기 때문이죠. 여기에는 세

가지 이유가 있습니다.

첫 번째는 게임 연출의 발달입니다. 예전과 달리 그래픽과 사운드, 이펙트, 카메라 등 다양한 연출 방법이 적용될 수 있고 심지어 캐릭터들이 말을 합니다. 텍스트로 표현했던 것들을 다른 방식으로 표현할 수 있게 된 거죠. 지금도 새로운 작품이 나오는 〈드래곤 퀘스트〉의 초기 버전에는 '열다'라는 명령어가 있고 문 앞에서 메뉴창을 띄워 '열다'를 선택하면 문이 열렸다!라는 텍스트가 대화창에 표시되었습니다. 비효율적이지 않습니까? 요즘은 그렇게 하지 않아도 자연스럽게 그냥 문이 열립니다.

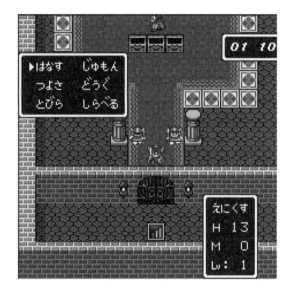

두 번째는 게임 플랫폼의 변화입니다. 예전에는 TV나 PC 모니터 등 큰 화면에서만 게임을 할 수 있었습니다. 하지만 요즘은 스마트폰으로도 게임을 할 수 있고 휴대용 게임기도 다양하게 나와 있죠. 작은 화면에 글자를 띄우려면 가독성을 위해 크기가 커질 수밖에 없는데 게임 화면에는 글자뿐 아니라 배경과 캐릭터, UI 등 다양한 요소가 보여야 합니다. 결국 이 모든 게 종합되어 게임 내 텍스트는 점점 더 짧아졌습니다.

세 번째가 가장 중요한데요. 라이프의 변화입니다. 언젠가부터 책을 읽는 사람이 많이 줄었다는 건 모두가 동의할 거예요. 종이책보다는 웹소설을 읽는 인구가 더 많아졌고 텍스트로 된 정보보다는 영상과 이미지로 된 정보에 익숙한 세대가 등장했습니다. 요즘 세대는 정보 검색을 네이버 같은 포털이 아닌 유튜브와 인스타그램에서 한다고 하죠. 게이머들 또한 게임할 때 텍스트가 나오면 'Skip' 버튼을 계속 누릅니다. 글을 읽을 시간에 플레이를 더하고 싶은 거죠. 이런 경향을 근거 삼아 게임에서 시나리오가 중요하지 않다고 하는 사람도 있습니다.

무언가를 읽어야 하는 상황이 오는 순간 게임은 정체됩니다. 흐름이 끊기고 동적인 플레이에서 정적인 플레이로 전환되지요. 읽는 것을 목적으로 하는 비주얼 노벨 같은 장르가 아닌 이상 게임에서 읽는다는 행위는 대체로 피하고 싶은 상황일 것입니다. 그래서 게임 시나리오는 게이머가 의지로 읽는 것이 아니라 자연스럽게 보이는 형태가 되어야 합니다.

그렇다면 어떻게 해야 보이는 글을 쓸 수 있을까요? 지금부터 하나씩 살펴보도록 하겠습니다.

보이는 글을 쓰는 방법

학생들에게 게임 시나리오를 가르칠 때 혹은 회사에서 시나리오를 검수할 때 저는 '보이게 쓰라'는 말을 자주 합니다. 보이게 쓸 때 가장 크게 작용하는 요소는 UI이지만 여기에서는 글의 표현 방식을 예로 들어 설명하겠습니다.

> 마법경을 비추자 꽃의 숨겨진 색이 떠올랐다. 잎과 줄기와 같은 초록색이었다. 초록색 꽃이라니! 우리가 그토록 찾아다녔던 전설의 아이템을 드디어 발견한 것이다. 인벤토리에 초록 꽃을 넣었다.

1980년대 게임에나 나올 법한 문장이죠? 읽지 않으면 내용을 알 수 없습니다. 때에 따라서는 조금이나마 잘 보이게 하려고 핵심 단어에 색을 입히기도 합니다. 이 문장을 조금 줄여보겠습니다.

> 마법경을 비췄다. 꽃이 초록색으로 보였다. 전설의 아이템을 발견했다. 인벤토리에 초록 꽃이 추가되었다.

숨겨진 색은 마법경 아이템의 기능일 테니 표현할 필요가 없습니다. 잎과 줄기와 같은 표현도 당연한 이야기이니 표현할 필요가 없습니다. 그래픽으로도 확인할 수 있고요. 우리가 그토록 찾아다녔던이란 행위도 게임을 플레이하면서 이미 알고 있을 것입니다. 불필요한 부분들을 줄이자 훨씬 잘 보이지 않나요?

하지만 문장을 많이 줄였어도 여전히 읽지 않으면 내용을 알 수 없습니다. 그렇다면 어떻게 해야 할까요? 위 내용에서 가장 중요한 것은 이것입니다.

> 초록 꽃을 얻었다.

마법경을 비추는 것은 동작이나 이펙트, UI 등으로 보여줄 수 있습니다. 꽃이 초록색으로 보이는 것도 화면에 보이는 꽃의 색상을 변경하면 되고요. 전설의 아이템 역시 획득 시 이펙트나 사운드를 통해 전달할 수 있습니다. 결국 처음에 쓴 긴 문장에서 핵심은 초록 꽃을 얻었다.는 단순한 사실입니다. 이것이 가장 중요한 이유는 무엇일까요? 게임 플레이와 연결되는 부분이기 때문입니다.

여기까지 읽은 분들은 '보이는 글'이라는 개념을 단순히 짧게 쓰는 것으로 오해할 수도 있을 것 같습니다. 하지만 제가 하고 싶은 말은 조금 다릅니다. 이야기에서 전달해야만 하는 것의 중요도와 우선순위를 정하고, 텍스트가 아닌 다른 방식으로 전달할 수 있는지를 체크해야 한다는 겁니다. 앞에서도 누누이 말했지만 게임 시나리오는 텍스트로만 존재하지 않습니다. 텍스트로 전달하는 것이 가장 효율적인지, 또는 텍스트가 아니면 전달할 수 없는지를 판단해서 제한적으로 사용하자는 것입니다.

극단적으로 생각해서 게임을 수십 시간 하다가 딱 한 번 텍스트가 나오는 경우와 게임하는 내내 텍스트가 나온다고 상상해 봅시다. 어느 편이 집중도가 높고 전달력이 좋을까요?

이미 오래된 게임이고 게이머들이 텍스트의 노출 빈도와 그 안에서 중요한 포인트를 찾는 것에 익숙하다면 상관없지만 그렇지 않다면 가급적 텍스트의 노출 빈도를 줄이는 방안을 생각해 보길 바랍니다.

UI에서 보이는 글 작성하기

게임에 나오는 텍스트는 읽게 하는 것도 중요하지만 그 이전에 보이는 것이 훨씬 중요합니다. 말이 쉽지 어떻게 해야 보이는 글을 쓸 수 있냐고요? 이번에는 UI와 UX를 기준으로 설명해 보겠습니다.

다양한 게임의 퀘스트 UI

위 이미지에서 볼 수 있듯, 게임 UI는 게임에 따라 형태도 크기도 배치도 구성도 모두 다르며 심지어 그 안에 표시되는 텍스트 수도 제각각입니다. 이렇게 빽빽한 텍스트가 표시되는 상황에서 게이머로 하여금 글자를 읽지 않고 내용을 파악하게 하려면 어떻게 해야 할까요? 이러한 이유로 중요한 포인트에 아이콘을 넣거나 별도의 탭 또는 프레임으로 묶어 배치하기도 합니다. 즉 UI에서 보이는 글을 작성한다는 것의 첫 번째 기준은 정해진 프레임이나 구성에 맞춰 내용을 배치해야 한다는 것입니다.

가령 토끼를 잡아서 당근 10개를 가져오면 보상으로 다이아몬드 1개를 줄게!라는 텍스트보다는 UI 창의 구성에 맞춰서 '보상' 위치에 다이아몬드 1개를 쓰고 '목표'나 '조건' 위치에 당근 10개를 쓰는 것입니다. 토끼가 당근을 갖고 있다는 정보는 퀘스트 다이얼로그나 별도 대화로 처리하면 되겠지요. 정해진 위치에 정해진 항목이 들어가는 것만으로도 텍스트는 읽는 것에서 보이는 것에 훨씬 가까워집니다.

하지만 게임에 따라서는 대사 형태의 긴 호흡으로 표현해야 할 때도 있고 여러 개의 문장 속에 핵심 문장을 넣어야 할 때도 있습니다. 이런 경우에는 어떻게 해야 할까요? 이에 관해 여러분이 기본적으로 알고 있을 지식을 짚고 넘어가겠습니다.

문장의 위치를 표현할 때는 총 5가지 방식이 있습니다. 두괄식, 양괄식, 미괄식, 중괄식, 병렬식이지요. 두괄식은 제일 앞 문장에 중요한 의견과 내용을 배치하는 것입니다. 미괄식은 끝에, 중괄식은 중간에, 양괄식은 처음과 끝에, 병렬식은 나란히 늘어놓아서 배치하는 방식입니다. 이 중 읽는 것보다 보이는 것에 집중한다면 어디에 배치하는 것이 좋을까요? 네, 맞습니다. 두괄식입니다. 게임 플레이 중 스킵을 하더라도 첫 문장은 반드시 눈에 띌 테니까요. 아래 예시를 봅시다.

두괄식 토끼들에게서 당근을 찾아주세요! 나쁜 토끼들이 우리 당근을 훔쳐 갔어요. 제발 부탁드려요. 이대로면 우리 가족 모두 굶어 죽게 생겼다고요!

미괄식 지나가는 나그네 양반, 우리 모두 굶어 죽게 생겼소! 토끼들이 당근을 훔쳐 가서 발만 동동 구르고 있습니다. 나쁜 토끼들에게서 당근을 찾아주시오!

양괄식 토끼들에게서 당근을 찾아주세요! 나쁜 토끼들이 우리 당근을 훔쳐 갔어요. 제발 부탁드려요. 이대로면 우리 가족 모두 굶어 죽게 생겼다고요! 부디 토끼들에게서 당근을 찾아주세요.

중괄식 지나가는 나그네 양반, 우리 모두 굶어 죽게 생겼소! 나쁜 토끼들에게서 당근을 되찾아주시오! 우리 밭에 있는 걸 그놈들이 훔쳐 가 버렸다오!

(병렬식은 짧은 문장에서는 작성이 부정확하므로 예시를 생략합니다.)

내용을 읽어보면 전부 같은 이야기로 보입니다. 하지만 글자 대부분 스킵해 버리는 요즘 게이머들의 경향을 고려할 때 첫머리에 하고 싶은 이야기를 담지 않으면 보이질 않을 것입니다. 물론 미괄식이 유효할 때도 있습니다. 마지막 문장이 나온 후 게임이 잠시 멈추는 경우입니다. 가령 도와줄지 말지 선택 창이 뜬다면 선택 창 직전에 마지막 대사가 표기되어 있을 것입니다. 양괄식은 두괄식과 미괄식의 장점을 모두 갖고 있지만 짧은 대사보다는 조금 긴 대사에서 사용하는 편이 효율적입니다. 같은 말을 반복하면 강요받는 느낌이 들수 있기 때문입니다.

여기서 한 가지 더 유의해야 할 부분이 있습니다. 만약 대사가 짧지 않고 10줄 이상 되는 긴 내용이라면 어떤 기준을 가져야 할까요? 한 페이지에 표시되는 내용이라면 당연히 두괄식 혹은 미괄식이 좋겠지만, 여러 번 대사를 넘겨야 하는 경우에도 같을까요? 한 페이지에 표시하는 기준은 글자 수가 되지만 여러 번 페이지를 넘기는 경우의 기준은 페이지를 넘기는 터치 수 또는 버튼 입력 수가 됩니다. 버튼 입력 회수가 많아질수록, 즉 후반부에 배치된 텍스트일수록 읽히지 않을 가능성이 높지요. 따라서 중요한 정보들은 가급적 앞부분에 몰아서 배치하는 편이 전달력이 높습니다. 물론 마지막에 선택지가 있거나 특정 연출로 페이지가 멈춘다면 그 타이밍에 중요한 대사나 정보를 배치하는 것도 괜찮습니다.

마지막으로 한 가지 더 조언하자면 UI 크기에 맞춰 텍스트를 작성할 때 너무 짧게 작성하는 것도 좋지 않다는 것입니다. 너무 짧은 글은 비어 있는 공간을 부각해 오히려 눈에 띄지 않을 수 있습니다. UI 창의 디자인에 따라 차이는 있겠지만, 저는 창의 30% 이상은 텍스트로 채운다는 생각으로 작업하고 있습니다. 여러분도 각자의 테스트를 통해 자신만의 기준을 세우길 바랍니다.

가독성

가독성은 모든 글쟁이에게 특별히 중요한 부분입니다. 요즘처럼 텍스트 미디어가 다양해지는 시대라면 더욱 그렇습니다. 게임도 마찬가지지요. 가독성은 크게 두 가지로 나뉩니다.

첫 번째는 개발팀을 위한 가독성입니다. 게임 시나리오는 단독으로 기능하지 않습니다. 게임 기획팀의 다른 직군들과 협업해야 하며 그래픽 직군이나 프로그램 직군까지 함께해야 하는 경우도 많습니다. 그렇기에 여러분이 쓰는 문서는 가독성이 좋아야 합니다. 놀랍게도 업무상 문서라고 해도 사람들은 글을 잘 읽지 않습니다. 그래서 저는 종종 '보이는 문서'를 쓰라고 말합니다. 특히 취업을 앞둔 분이라면 시나리오 기획서를 포트폴리오로 준비해야 하는데 이것이 구인 담당자의 눈에 들지 않으면 면접 기회조차 오지 않을 테니 더더욱 가독성을 중요하게 생각하길 바랍니다.

두 번째는 게이머를 위한 가독성입니다. 앞서 게임 시나리오는 다양한 형태로 전달된다고 했습니다. 이때의 가독성은 텍스트로 된 스토리 '전달' 부분입니다. 하지만 게임 내 텍스트는 단독으로 표기되지 않습니다. 다양한 형태의 UI 창에 얹어지므로 우선 고려해야 할 사항은 UI일 것입니다. 창의 크기와 한 번에 보이는 글자 수와 줄수를 체크합니다. 그리고 여러분이 전달할 내용이 몇 번의 터치 또는 클릭으로 이루어졌는지를 체크합니다. 당연히 내용이 길수록 중요한 내용은 그 안에 묻힐 것입니다. 그렇기에 게임의 스토리나 대화 내용을 전달할 때는 간결함과 명확함이 중요합니다. 게임에 따라서는 플레이하면서 동시에 정보를 인식해야 하므로 복잡하거나 긴 내용은 몰입을 방해할 수 있습니다.

게이머를 위한 가독성의 경우 글꼴 크기, 색상, 배경 대비까지도 고려해야 합니다. 물론 시나리오 기획자가 이 부분을 직접 다룰 수 있도록 개발팀이 기능을 제공할 때의 이야기이긴 하지만요. 예를 들어 배경이 어두운 경우에는 텍스트 색상을 밝게 하여 대비를 높여야 가독성이 좋아지겠지요? 그 외에 UI도 가독성에 큰 영향을 미칩니다. 이처럼 게임 스토리를 전달할 때는 다양한 요소를 감안해야 하며, 이는 놀랍게도 내용 자체보다 중요할 수 있습니다.

게임 사례

다크 소울

소울 라이크라는 게임 장르가 있습니다. Like는 '~처럼'이라는 뜻이므로 소울 라이크는 '소울 같은' 게임이라는 의미입니다. 여기에서 말하는 소울이 바로 〈다크 소울〉 시리즈입니다. 프롬 소프트웨어에서 나온 시리즈로 〈데몬즈 소울〉에서 시작해 〈다크 소울〉 3부작, 〈블러드 본〉 등의 게임이 나와 있습니다. 국산 게임인 〈P의 거짓〉도 소울 라이크이지요.

소울 시리즈의 원조인 프롬 소프트웨어는 이 작품을 통해 독특한 스토리텔링 방식을 사용했습니다. 극단적으로 텍스트를 줄이고 상황 설명을 해주지 않은 것이지요. 그렇다면 게이머들은 스토리를 어떻게 파악할 수 있을까요? 배경에 있는 오브젝트나 무너진 건물, 아이템의 배치, 몬스터의 배치, 지역 이름 등을 통해 유추하는 것입니다.

무모하게 보이는 이 방식은 오히려 게이머들에게 신선하게 받아들여졌습니다. 이른바 '프롬 뇌'라는 신조어도 생겼지요. 프롬 뇌란 프롬 소프트웨어의 게임들을 하면서 여러 단서와 파편을 꿰맞춰 스토리를 구성하고 유추하는 사고방식을 의미합니다. 그 과정에서 잘못된 해석을 할 수도 있지만 그래도 상관없습니다. 명확히 알 수 없는, 의문에 가득한 세계 자체가 내러티브의 일부이기 때문이지요. H.R.러브크래프트가 창시한 우주적 공포, 코스믹 호러와도 닮아있는 모습입니다.

스토리가 명확하게 전달되지 않더라도 시나리오는 체험할 수 있고 내러티브는 충분히 구축할 수 있습니다. 무슨 말인지 잘 이해가 안 된다면 스토리와 시나리오, 내러티브에 대한 이해가 아직 부족한 것입니다. 이 차이를 가장 명확히 보여주는 게임이 〈다크 소울〉 시리즈이므로 직접 해보길 권합니다. 단, 이 게임만큼은 영상으로 접하지 않기를 바랍니다. 한 걸음 한 걸음 이동하며 공포심을 갖고 주변을 둘러보았을 때 비로소 보이고 느껴지는 것이 있으니까요. 소울 라이크 장르는 어려운 난도로도 유명한데요. 이런 내러티브를 추구하기 때문에 쉽게 만들 수 없다는 것도 이해하면 좋겠습니다. 만약 소울 라이크 게임들의 난도가 낮다면 누구라도 텍스트 이외의 형태로 주어지는 단서에 시야를 주지 않고 빠르게 진행해 버릴 테니까요.

지금은 다양한 소울 라이크 게임이 나오고 있지만 내러티브를 익히기 위해 학습 측면에서 해보려면 원조 격인 〈다크 소울〉 3부작만 한 것이 없습니다. 시간이 부족하다면 1편과 3편만 해도 무방합니다. 1편에서 등장한 지역과 일부 내용이 3편에서 변해 버린 모습으로 다시 나타나는데, 이때의 감정은 두편을 모두 해본 사람이 아니면 결코 느낄 수 없거든요.

게임 시나리오 작법

중심을 어디에 둘 것인가

게임 시나리오를 쓸 때 중요한 것은 시나리오의 중심을 어디에 둘지 정하는 것입니다. 일반적인 시나리오는 캐릭터를 중심으로 사건을 전개하는 형태가 많습니다.

그렇다면 게임 시나리오도 마찬가지일까요? 물론 캐릭터를 중심으로 하는 게임도 존재합니다. 인기 IP인 〈젤다의 전설〉이나 〈슈퍼 마리오〉 같은 게임들은 주인공의 이야기를 따라갑니다. AAA급 대작 게임 중에도 이런 형태가 많습니다. 하지만 모든 게임이 캐릭터 중심으로 사건을 다루는 것은 아닙니다. 그 이유는 게임에 따라서는 하나의 캐릭터가 사건의 중심이 될 수 없는 경우도 많기 때문입니다. 다음은 게임의 장르 및 형태에 따른 몇 가지 분류입니다.

1. 캐릭터를 중심으로 이야기를 전개하는 장르

콘솔 게임이나 패키지 게임 같이 완결된 이야기가 있는 형태의 게임들입니다. 드라마와 같은 느낌을 주므로 스토리를 음미하는 즐거움은 있겠지만 그만큼 게이머의 자유는 줄어듭니다. 이미 조형된 특정 인물의 이야기를 간접 체험하거나 대리 체험하는 형태밖에는 될 수 없으니까요. 영화나 만화와 유사한 형태를 취할 수 있습니다.

2. MMORPG처럼 여러 게이머가 함께 즐기는 장르

여럿이 함께 즐기는 게임인 경우 모든 사람이 주인공이 되는 시나리오를 만들기란 쉽지 않습니다. 특히 수십 명에서 수백수천 명이 함께 즐기는 대규모 게임이라면 더욱 그렇지요. 이런 장르에서 스토리는 개인이 아닌 집단을 중심으로 전개되는 경우가 많고, 종종 세계관의 움직임을 중심으로 전개하기도 합니다.

3. 뽑기를 통해 획득한 캐릭터로 진행하는 장르

스마트폰 게임이 등장한 이후 생긴 새로운 형태라서 아직 형태가 고정되지는 않았습니다. 대략 이 안에서도 3가지로 분류할 수 있습니다. 첫째, 캐릭터 개개인의 이야기가 존재하며 이것을 교차하며 즐길 수 있는 방식입니다. 플레이어가 어느 캐릭터를 가졌는지에 따라 다른 이야기가 펼쳐지기 때문에 전체 맥락은 캐릭터에 두지 않고 세계관의 흐름이나 사건으로 진행하는 한편 그 사이드로 캐릭터의 스토리를 전개합니다. 둘째, 어떤 캐릭터를 보유하든 사건이 똑같이 전개되는 방식입니다. 이 방식은 모든 캐릭터가 소속한 조직이 있는 경우에 쓸 수 있습니다. 해당 조직의 스토리를 전개하는 것이지요. 셋째, 스토리에 필요한 주요 캐릭터들만 스토리가 전개되는 방식입니다. 중간에 추가되는 캐릭터들은 메인 스토리에 등장하지 않거나 선택적으로 가볍게 얼굴을 비추는 정도로 진행합니다.

이처럼 장르에 따라서 시나리오의 중심은 달라질 수 있습니다. 하지만 시나리오의 중심에 가장 큰 영향을 주는 요인은 해당 게임을 개발하려는 정책과 목표입니다. 개발 정책은 매우 다양하지만 그중 이해를 돕기 위해 쉬운 예를 들어보겠습니다.

자, 다음 다섯 개 회사의 인적 구성을 봅시다. 주어진 게임 개발 기간이 같다고 할 때 과연 시나리오는 무엇이 달라질까요?

	시나리오	기획	프로그램	그래픽	사운드
A사 (6명)	1	1	2	2	0
B사 (30명)	1	3	10	15	1
C사 (30명)	1	7	2	20	0
D사 (70명)	2	10	23	30	5
E사 (70명)	10	10	48	2	0

다른 회사들에 비해 소규모인 6명이 개발하는 A사와 70명이 개발하는 D사의 게임은 규모 면에서부터 차이가 클 것입니다. 아마도 비슷한 분량과 퀄리티로 시나리오를 작성할 수는 없겠지요.

B사와 C사를 비교해 보면 B사는 나름 안정된 개발이 가능해 보이지만 C사는 비율이 좀 이상합니다. 기획과 그래픽 인력이 과도하게 많고 프로그램 개발 인력은 2명뿐이네요. 이 두 회사의 시나리오는 동일한 방향성으로 쓸 수 있을까요? 그렇지 않을 것입니다. 인적 구성만 보면 C사는 B사만큼 시스템을 개발할 수 없습니다. 그 대신 그래픽 리소스를 훨씬 다양하게 활용할 수 있으므로 시각적인 콘텐츠를 많이 담는 방향으로 시나리오를 작성할 수 있을 것입니다.

D사와 E사는 둘 다 프로그램 개발팀 규모가 크므로 A, B, C사에 비해 규모가 큰 게임을 개발할 가능성이 높습니다. 다만 E사는 그래픽을 담당하는 직원이 고작 2명뿐이에요. 이런 경우 어떤 시나리오를 쓰는 게 맞을까요? 적은 그래픽 리소스를 최대한 다양한 기능에 활용할 수 있도록 시나리오를 써야 할 것입니다. 영화로 빗대어 보자면 무대도 한정되어 있고 등장인물도 적은 작품과 같습니다.

E사는 또 다른 특이점이 있습니다. 시나리오 기획자가 10명이나 된다는 점입니다. 이 경우 서로의 스타일을 맞춰야 하며 협의를 통해 작업을 나눠야 합니다. 당연히 자유로운 창작은 힘들어지겠죠.

이처럼 개발팀의 인적 구성에 따라 시나리오의 집필 방향성은 크게 달라집니다. 이에 더해 대기업이라면 상사나 임원의 요구를 충족하기 위한 방향성도 더해져야 합니다.

이 외에 사회적인 부분도 무시할 수 없습니다. 피해야 하는 요소가 생기기도 하고 반드시 도입해야 하는 요소도 있을 수 있습니다. 특정 사상이 묻어나면 곤란한 경우도 있고 사회적인 메시지를 담아야 할 때도 있습니다. 타깃도 중요합니다. 남성인지 여성인지, 같은 여성이라도 10대, 20대, 50대 여성이 반응하는 시나리오는 모두 다릅니다. 결국 게임 시나리오는 이 모든 걸 고려해서 써야 합니다. 자신의 창작에 앞서 외부적인 조건을 충족시켜야 할 필요가 있음을 잊지 말아야 할 것입니다.

시나리오 방향성과 의도를 숨겨라

게임에서 시나리오는 어떤 역할을 할까요? 100명에게 물어보면 100명 다 다른 답변이 나옵니다. 그 이유는 각자 상상하는 게임이 모두 다르기 때문입니다. 특정 게임으로 한정해서 물어본다고 해도 다른 답변이 나올 가능성은 여전히 있습니다. 그렇다면 이 답변 중 정답이 있을까요? 특정 게임 안에서 시나리오의 역할은 정해져 있을까요? 네, 물론 정해져 있습니다. 그 역할에 맞춰서 시나리오를 작성할 테니까요. 하지만 게임을 즐기는 게이머에게 맞춘 의도가 느껴진다면 이는 좋은 시나리오가 아닙니다.

도대체 무슨 말인가 싶지요? 게임의 장르뿐 아니라 개발 조직이나 외부의 사정에 따라 시나리오의 방향성과 가치가 달라진다는 것은 앞서 확인했습니다. 이 외에 특정 타깃층을 자극하기 위해 시나리오를 활용할 수도 있을 텐데요. 자극의 목적에 따라서도 시나리오가 달라질 수 있다는 말입니다. 과금을 위한 자극일지, 게임을 지속하게 하기 위한 자극일지, 게임 외적인 커뮤니티 활성화를 위한 자극일지에 따라 시나리오가 달라지는 것이죠.

특정 타깃층을 위한 것이 아니라 게임의 개발 방향성을 일관화하기 위해 시나리오를 활용할 수도 있고 게임의 영속성을 위해 시나리오가 필요할 수도 있습니다. 개발 과정에서 애니메이션 등 이후 사업의 확장 방향이 정해져 있어서 시나리오가 필요할 수도 있고 캐릭터에게 생명력을 불어넣기 위해 시나리오를 활용할 수도 있습니다. 어떤 경우에는 시나리오보다 더 중요한 요소가 있어서 눈에 띄지 않는 형태의 시나리오를 요구받을 수도 있습니다. 즉 직접 전달하는 방식을 지양하고 게이머 스스로 알아가는 것을 유도해야 할 수도 있죠. 결국 게임 시나리오를 만든다는 것은 이 게임에서 시나리오가 어떤 목적으로 활용되는지, 어느 정도의 비중과 중요도를 갖는지를 알아야 작성할 수 있는 것입니다.

만약 이런 가이드가 없다면 반드시 윗분들에게 확인하세요. 이를 확인하지 않고 작성한다면 전혀 다른 의도가 담긴 시나리오가 나올 가능성이 높습니다. 이렇게 의도를 확인하고 작성에 들어가더라도 주의할 점이 하나 더 있습니다. 정해진 의도를 대놓고 드러내는 것은 문제가 된다는 것입니다. 예를 들어 A게임의 시나리오는 게이머가 과금하도록 만드는 것이 가장 중요한 의도입니다. 그렇다고 해서 이 아이템이 없으면 진행할 수가 없어!라면서 아이템을 판매한다면 게이머는 어떤 기분이 들까요? 아이템을 사기는커녕 오히려 지갑을 꼭 닫아버릴지도 모릅니다.

다른 예를 들어보겠습니다. B게임의 시나리오는 게임의 영속성을 위해 계속 확대되어 이어질 수 있도록 하는 게 중요한 의도입니다. 이 경우 시나리오는 어떻게 작성해야 할까요? 웹툰이나 연속극처럼 '다음 편에 계속' 같은 느낌으로 진행되어야 할까요? 게임은 이야기를 기다렸다가 감상하는 형태가 아니라 직접 행하는 콘텐츠입니다. 만약 게임이 '다음 편에 계속'과 같은 느낌을 준다면 게이머는 주도권 없이 이야기에 끌려가는 느낌을 받게 될 것입니다. 이러한 의도를 보이는 것은 게임과는 맞지 않습니다.

마지막으로 하나 더 예를 들어보겠습니다. C게임은 시나리오에 따라 개발이 이루어지는 형태입니다. 즉 게임 시나리오가 개발을 위한 기준되는 건데요. 아마 많은 시나리오 기획자가 꿈꾸는 형태일 것입니다. 하지만 이런 의도를 게이머가 알게 된다면 어떻게 될까요? 어느 정도 게임에 익숙해진 게이머들은 새로 추가되는 콘텐츠, 시스템, 이벤트보다 시나리오에 집중하게 될 것입니다. 역시 주객이 전도되는 형태가 되는 거죠.

결국 게임 시나리오는 게임의 장르나 플랫폼 외에도 개발 조직이나 기타 요인에 의해 작성 의도가 달라질 수 있으며, 이를 게이머들에게 드러나지 않게 작성하는 것이 필요합니다. 게임에서 이는 글뿐만이 아니라 다양한 형태로 시나리오를 전달할 수 있기에 가능한 건데요. 이 책은 가급적 다양한 부분을 다루고 있으니 천천히 하나하나 짚어가도록 하겠습니다.

문장보다는 문단에 집중하기

게이머들은 대사 한 줄 한 줄을 음미하기보다 이번 대화 신 전체에서 전달받은 정보나 감성만을 기억합니다. 때때로 이것은 텍스트가 아닌 연출이나 플레이를 통해 전달되죠. 따라서 게임 시나리오는 유려하고 완성도 있는 문장에 집중하는 일반적인 글쓰기와는 달리 문단이 중요합니다.

문단이 중심이 된다는 점에서 게임 시나리오는 두 가지를 고려해야 합니다. 첫째, 넓은 시야로 볼 때 문단은 하나의 에피소드를 구분하는 단위가 될 수 있다는 것. 둘째, 에피소드에 따라 도입부가 될지, 정보 전달 부분이 될지, 행동 유도 부분일지, 보상과 결과에 대한 내용일지가 달라진다는 것입니다. 간단한 예를 들어보겠습니다.

자물쇠를 열기 위해 열쇠를 찾는 내용의 단락 구성

문단1	보물을 찾아야 하는 이유 전달	에피소드 시작 시
문단2	자물쇠를 발견하고 열쇠를 찾기로 결의	보물상자 발견 시
문단3	열쇠가 있는 곳의 힌트를 전달	일정 시간 경과 시
문단4	열쇠를 찾았다는 내용	열쇠를 발견한 경우
문단5	자물쇠를 열고 보물을 획득	문단4 이후 자물쇠 조사
문단6	다음 에피소드로 연결되는 내용	문단5 이후

물론 게임에 따라 6개 문단이 아닌 7개 이상이 될 수도 있고, 2~3개 문단으로 마무리될 수도 있을 것입니다. 위 표를 보면 문단마

다 담고 있어야 하는 내용이 다름을 알 수 있습니다. 결국 좋은 문장이나 명대사를 남기는 것보다 해당 내용을 전달하고 행동을 잘 유도하는 것이 좋은 시나리오가 된다는 의미이지요.

위 내용 중 '문단3'은 게이머가 보지 못할 수도 있습니다. '문단2'과 '문단4' 사이에 게이머의 '플레이'라는 행위가 들어 있기 때문입니다. 이 부분을 감안해서 '문단2'에서 '문단4'로 바로 연결되더라도 어색하지 않게 작성되어야 할 것입니다. 즉 모든 문단의 내용이 완벽하게 연결되는 것도 피할 줄 알아야 하는 것입니다.

각 문단에서 해당 내용을 전달하거나 행동을 유도하는 것이 중요하다면 내부 구성에도 신경을 써야겠지요? 문단에 들어가는 글을 작성할 때는 결국 포인트가 어디에 들어가는지가 중요할 것입니다. 정보 전달이 목적이라면 문단이 시작되는 앞부분에 정보를 배치하는 것이 좋습니다. 집중도가 높은 부분이기 때문입니다. 행동 유도가 목적이라면 문단의 마지막에 배치하는 것이 좋습니다. 문단이 끝나면서 바로 플레이로 이어질 수 있도록 말이지요.

이처럼 게임 시나리오는 자연스러운 이야기의 흐름도 중요하지만 목적성이 분명하다는 것을 잊어서는 안 되겠습니다.

텍스트 분량은 어느 정도가 적당할까

게임 시나리오를 집필할 때 신경 써야 할 것은 이뿐만이 아닙니다. 텍스트 분량에도 신경을 써야 합니다. 여기에는 몇 개의 이유가 있습니다.

첫째, 게임의 집중도 문제입니다. 예를 들어 아케이드 슈팅 게임의 시나리오를 쓴다고 하면, 게임 플레이를 멈추고 텍스트를 전달해야 합니다. 시나리오가 나올 때 한눈을 팔면 격추당할 테니까요. 이때 시나리오 분량이 5분가량 된다고 상상해 봅시다. 조금 전까지 긴장감을 유지하고 있던 게이머의 텐션이 끊기겠지요? 따라서 긴장감을 길게 유지하는 게임이라면 최대한 짧게 내용을 전달해야 하겠습니다. 우선 긴장 유지 시간을 기준으로 어느 정도가 한계선일지 판단해 보세요. 이 경우 플랫폼도 영향을 미칩니다. 아케이드 슈팅 게임과 모바일 슈팅 게임, 콘솔 슈팅 게임은 긴장도와 몰입도에 있어 크게 차이가 나기 때문입니다. 반면 경영 시뮬레이션이나 전략 시뮬레이션처럼 결과가 나올 때까지 기다려야 하는 게임이라면 상대적으로 긴 시나리오를 넣어도 문제없이 잘 읽힐 것입니다. 이러한 게임들은 플레이어가 게임 내 상황을 분석하고 전략을 세우는 데 시간을 많이 쓰기 때문에 시나리오가 다소 길어도 게임의 흐름에 크게 방해가 되지 않습니다.

둘째, 게임의 타깃도 시나리오 분량 결정에 영향을 미칩니다. 어린이를 대상으로 하는 게임이라면 글을 읽는 속도와 이해 능력이 어른과 차이가 나므로 적은 분량의 텍스트로 표현하는 것이 좋습니다. 또 플랫폼에 대한 타깃층의 익숙함도 기준이 될 수 있습니다. 모바일 게임에 익숙한 게이머들은 텍스트 분량이 많은 게임을 선호하지 않습니다. 다만 오래된 게이머가 타깃이라면 모바일 게임이라도 더 많은 내용을 담아주기를 바라는 경우도 있습니다.

　그밖에 시나리오 내용도 텍스트 분량을 정하는 데 영향을 미칩니다. 이 부분은 다행스럽게도 여타 매체의 콘텐츠와 비슷합니다. 예를 들어 감정을 끌어내야 하는 순간이라면 다른 장면에 비해 긴 분량의 텍스트가 효과적일 수 있습니다. 물론 텍스트가 아닌 다른 형태로 표현할 수도 있겠지만요. 반면 급박한 상황에서는 텍스트를 최소화하여 흐름이 끊기지 않도록 해야 할 것입니다. 여타 콘텐츠와 유사하긴 하지만 게임에 있어 다른 점이 있다면 이러한 타이밍에 실제 플레이의 난도와 시간이 개입한다는 점입니다. 명확하게 어느 정도 분량이어야 한다고 정답을 말해주고 싶지만, 이 부분은 가이드가 존재할 수 없습니다. 게임의 트렌드도 타깃도 계속 변화하니까요. 결국 끊임없이 게임을 하면서 체크하는 방법밖에는 없습니다.

게임이기에 가능한 시나리오 형태

　게임 시나리오는 여러 방식으로 게이머에게 전달됩니다. 모든 방식을 찾아서 전달하는 것은 무리일 정도로 광범위하므로 다양한 게임을 직접 해보고 느껴보면 좋겠습니다. 여기에서는 몇 가지 예시를 소개하겠습니다.

1. 참여형 시나리오

거의 모든 게임 시나리오는 참여형입니다. 참여형이란 한 방향으로 전달되는 것이 아니라 게이머가 시나리오에 직접 참가하면서 진행하는 경우를 의미합니다. 게임 시나리오의 가장 큰 특징이며 기본적인 차별점이지요. 다만 모든 게임 시나리오가 이렇지 않다는 점은 알아두세요.

하지만 같은 참여형 시나리오라고 해도 게이머에 따라 다른 경험을 하는 경우가 많습니다. 괴물들을 만나기 전에 괴물의 약점에 대한 정보를 듣고 준비해서 만날 수도 있고 그렇지 못한 채 괴물을 만날 수도 있습니다. 두 경우 모두 시나리오에서는 괴물과 마주친다라고 하겠지만 두 게이머가 괴물을 마주쳤을 때의 경험은 완전히 다를 것입니다.

또 다른 예로 호러 게임을 개발하면서 게임 초반에 게이머를 깜짝 놀라게 하는 연출을 심어두었다고 생각해 봅시다. 이 상황에 부닥쳤을 때 모든 게이머가 놀랄까요? 호러 연출에 익숙한 게이머라면 놀라지 않을 수도 있습니다. 겁이 많은 게이머라도 방송 등 다른 형태로 사전에 무서운 연출이 배치되어 있음을 알고 플레이할 수도 있습니다.

2. 환경 및 세계관으로 진행되는 시나리오

어떤 게임들은 주인공이 시나리오에 존재하지 않는 경우가 있습니다. 게이머가 주인공이 되는 게임이지요. 이런 형태의 게임들은 캐릭터 중심으로 시나리오를 전개하는 것이 아니라 환경이나 세계의 변화를 토대로 시나리오를 전개합니다. 게이머들은 변화하는 세계 속에서 자신만의 모험과 이야기를 만들어 가게 됩니다.

3. 선택형 시나리오

많은 게임이 활용하는 형태입니다. 단순히 선택문이 나오는 것뿐만 아니라 게임을 플레이하면서 했던 크고 작은 선택과 플레이로 시나리오가 변화하는 형태죠. 환경 및 세계관과 결합하여 변화하기도 합니다. 멀티 엔딩을 차용하는 대다수의 게임을 이 형태라고 봐도 무방합니다.

4. 메인 시나리오와 사이드 시나리오

시나리오를 구분하는 형태 또한 게임에서만 가능합니다. 메인 줄기가 되는 이야기만 감상하고 싶다면 메인 시나리오를 진행하면 되고, 그 과정에서 특별한 지역이나 아이템에 관한 이야기 혹은 특정 캐릭터와 관련한 서브 시나리오를 보고 싶다면 선택적으로 진행할 수 있습니다. 시나리오 진행을 퀘스트 형태에 의존하는 게임들은 대부분 이 방식을 취하고 있습니다.

퀘스트란 행동 지시를 전달하고 이를 달성할 때 보상을 주는 방식을 의미합니다. 행동 지시에는 대사와 권유, 스토리가 들어갈 수 있으며 메인 시나리오와 사이드 시나리오는 이를 달성하기 위한 게이머의 플레이가 기반이 되는 경험적 스토리 전달 방식입니다.

5. 멀티플레이 시나리오

게이머 혼자만을 대상으로 하는 것이 아닌 함께 플레이하는 여러 게이머에게 동시에 진행되는 시나리오 형태입니다. 보통은 게이머들을 묶을 수 있는 그룹이나 세력 혹은 종족을 중심으로 전개됩니다. 함께하는 게이머들과 공유하고 공감할 수 있다는 건 게임에서만 가능한 일일 것입니다.

6. 파편식 시나리오

기억을 잃은 사람이 있습니다. 그는 방 안의 물건들을 집을 때마다 그와 관련한 기억을 떠올립니다. 짧은 시나리오들이 물건마다 들어 있으며 이를 순서 없이 들여다보면서 결국 하나의 이야기로 통합하고 수렴해 갑니다.

이 방식 역시 게임에서만 가능할 것입니다. 게이머가 자유롭게 일부 시나리오를 빠뜨릴 수도 있고 보는 순서도 정할 수 있으니까요. 게임이 아닌 영화라면 파편화된 이야기 순서를 전략적으로 정해서 시나리오를 작성할 것입니다. 이 방식의 시나리오는 기억이 아닌 시간의 파편화도 가능합니다. 캐릭터나 아이템도 마찬가지고요.

PRACTICE

어떤 게임이든 좋습니다. 게임을 플레이하면서 시나리오 형태를 확인해 보세요. 여기에서 말한 시나리오 중 하나인가요? 아니면 다른 형태의 시나리오인가요? 여기에서 다룬 것 이외의 시나리오 형태도 찾아보고 그것을 정의해 보세요.

....

....

....

....

....

....

....

....

....

....

....

....

....

....

심리를 자극하는 게임 시나리오 작법

능동형 콘텐츠인 게임 시나리오는 행동 유도에도 활용되지만 다른 분야와 마찬가지로 감정 유도에도 활용됩니다. 다만 타 콘텐츠와는 감정 유도의 형태가 다른데요. 영화와 같은 시나리오는 연출이나 대사, 분위기와 상황 등으로 감정의 공감이나 이입을 유도하지만 게임에서는 플레이에 적용한 시나리오를 작성해야 합니다.

몇 가지 예를 들어보겠습니다. (다만 다음의 예시는 저의 개인적인 생각일 뿐 이외에도 다양한 형태로 활용할 수 있음을 인지하고 읽어주세요.)

1. 긴박감으로 플레이에 집중시키기

마왕이 세계 멸망 주문을 외우기 시작했다! 주문이 끝날 때까지 남은 시간은 30초다!라는 메시지로 게임이 시작되고 화면에 30초 카운트가 뜨기 시작합니다. 어떤가요? 30초간 게임에 확! 집중할 것 같지 않습니까? 일반적으로 카운트다운은 집중력을 높이는 효과가 있습니다.

또 다른 예로 붙잡혀 간 인질이 있는 방에 물이 점점 차오릅니다. 물이 가득 차서 인질이 사망하기 전에 구출해야 한다는 시나리오는 어떻습니까? 역시 마음이 급해지고 빠르게 플레이에 집중하겠지요. 이런 타입의 설정과 시나리오는 게이머를 플레이에 집중하게 만듦과 동시에 시간 내에 이를 해결했을 때 큰 성취감을 줄 수 있습니다.

2. 단계적인 궁금증으로 게임을 지속하게 하기

궁금증은 게임을 지속하게 하는 강력한 동기 부여가 됩니다. 다만 게임에서는 일반적인 콘텐츠와는 달리 단계별 호기심이 필요합니다. 예를 들어 추리 게임이라면 범인이 누구인지만으로는 게임을 지속하게 하기가 힘듭니다. 애초에 게임은 영화나 다른 작품에 비해 플레이 타임이 긴 데다가 직접 조작을 해야 하기 때문이지요.

따라서 범인이 누구라는 최종 궁금증은 남겨둔 채 단계별로 가벼운 호기심 요소를 담아야 합니다. 사건 현장에 있는 흔적은 무엇을 의미하는지, 제보자는 누구인지 등을 단계적으로 배치해서 최종 단계까지 끌고 가야 하는 것이지요. 유물을 탐사하는 〈툼레이더〉나 〈언차티드〉 같은 게임을 보세요. 최종 보물에 대한 호기심을 기본으로 둔 채 캐릭터나 적대 세력, 혹은 눈앞에 있는 퍼즐에 대한 호기심을 부여해가며 이야기를 끌고 나가고 있지 않나요?

3. 극적인 사건을 겪게 해 감정 유도하기

게임에 등장하는 주인공은 영화나 다른 콘텐츠의 주인공과는 포지션에 차이가 있습니다. 게이머가 간접적으로 주인공이 되어 선택하고 행동하며 이야기를 함께 겪어 나가기 때문이지요.

자신이 직접 주인공 캐릭터를 만들어 플레이하는 게임은 그나마 감정 이입이 쉽지만 정해진 주인공 캐릭터가 있다면 감정 이입이 힘들 수 있습니다. 이때 유효한 방법이 시나리오상으로 극적인 사건을 겪게 하는 것입니다. 사랑하는 연인이나 가족의 죽음, 극적인 희망과 절망 등의 스토리는 누구나 비슷한 감정을 느끼게 하며 게임에서는 이를 주인공 캐릭터와 합치시켜 감정을 유도할 수 있습니다.

4. 게임 세계의 변화에 몰입시키기

게이머의 선택에 따라 게임 세계가 변한다면 어떨까요? 아마도 게이머는 더욱더 게임 세계에 집중할 것입니다(재미있을 테니까요). 여기서 한 단계 더 나아가 게이머의 선택에 도덕적 딜레마를 준다면요? 게이머는 깊이 고민하고 이를 통해 자신의 선택에 무게를 느끼게 되겠지요. 이후의 선택에 따라 세계가 변한다면 훨씬 더 크게 감정의 무게를 느낄 것입니다. 〈위쳐 3〉는 이와 같은 도덕적 딜레마를 다룬 선택을 시나리오에 도입함으로써 게이머들이 위쳐의 세계에 몰입할 수 있게 했습니다.

5. 특정 캐릭터나 사물에 관심을 집중시키기

영화와 같은 콘텐츠라면 연출을 통해 간단하게 집중시킬 수 있겠지만 게임은 불가능한 경우가 많습니다. 카메라를 게이머가 직접 조작하기도 하고 플레이 타임과 방식마저도 능동적으로 주어지기 때문이지요. 하지만 시나리오를 활용하면 시각적, 청각적 연출이 아니더라도 무언가에 관심을 집중시킬 수 있습니다. 아래 예시를 봅시다.

> **Example** 게임 중 새로운 마을에 도착했습니다. 마을 사람들에게 말을 걸어보니 대다수가 '영주님'에 대한 대사를 합니다. 영주님을 칭찬하는 대사도 있고 불만을 가진 사람도 있습니다. → 자연스럽게 게이머는 영주에게 관심을 두게 되고 영주의 저택을 방문하게 됩니다.

> **Example** 몬스터를 처치하자 메모지 하나가 떨어집니다. "암살지령: 시계탑"이라고 적혀 있습니다. → 게이머는 시계탑에 관심을 두게 됩니다. 암살이라는 키워드에도 반응하게 됩니다.

> **Example** 마을 뒷골목에 있는 길드로 향해가는 도중 마을 벽에 낙서가 쓰여 있습니다. "현재 길드장은 인간으로 변신한 괴물이다. → 게이머는 사실 여부를 확인하기 위해 길드장을 만나려고 할 것입니다.

이 외에도 게임은 다양한 형태로 행동과 감정 유도를 할 수 있습니다. 단순히 이야기를 전달하는 것만이 아니라 게임을 진행하는 게이머에게 감정을 어떻게 전달할지, 행동을 어떻게 유도할지 한번 생각해 보세요.

시나리오에 보상 더하기

거듭 말하지만 게임은 직접 진행해야 하는 능동형 콘텐츠입니다. 이를 통해 다양한 피드백을 전달받는데요. 그중에서도 '보상'은 가장 긍정적으로 게임을 지속하게 만듭니다.

일반적인 보상은 물질적입니다. 게임 내에서 얻을 수 있는 아이템, 장비, 화폐, 경험치 등으로 나타나지요. 그리고 많은 게이머가 이를 얻기 위해 게임을 합니다. 하지만 모든 보상이 물질적인 것은 아닙니다. 게임 시나리오를 통해 줄 수 있는 비물질적 보상을 4가지로 분류해 보았습니다.

1. 감정적 보상

게이머들은 자신의 플레이를 통해 다양한 감정을 느낍니다. 이는 게임의 경험뿐 아니라 서사와도 밀접하게 연관되어 있지요. 캐릭터가 존재하는 게임이라면 감정 이입을 통해 애착을 강화할 수도 있습니다. 예를 들어 게임을 하다가 동료가 사망하는 이벤트가 발생했다면 게이머도 함께 안타까워하고 슬퍼할 수 있습니다. 마왕을 물리치고 세계를 구했다면 뿌듯함을 느낄 수 있지요. 필사적으로 찾던 가족과 재회했다면 캐릭터만큼이나 게이머도 기쁠 것입니다. 이처럼 감정을 전달해 주는 것 또한 보상으로 볼 수 있습니다.

2. 스토리 보상

애니메이션이나 만화 혹은 드라마를 보면서 다음 편이 궁금했던 경험이 있을 것입니다. 이때 다음 편을 보여준다면 기쁘겠지요?

이처럼 다음 스토리를 보여주는 것도 보상으로 볼 수 있습니다. 물론 스토리에 관심이 있고 궁금해한다는 것이 전제되어야 하겠지만요. 일반적인 콘텐츠라면 다음 화가 공개될 때까지 일정 시간을 기다려야 하겠지만 게임은 게이머가 직접 플레이하면 다음 이야기를 볼 수 있습니다. 바꿔 말하면 '다음 이야기'라는 보상을 얻기 위해 게임을 계속하게 된다는 말입니다.

3. 지식적 보상

게임의 세계관이나 설정에 대한 호기심을 자극할 수 있다면 지식적 보상은 가장 손쉽게 전달할 수 있는 보상입니다. 일반적으로는 알 수 없는 무기나 장소, 역사, 인물에 대한 정보를 시나리오로 전달해 주는 것입니다. 궁금했던 내용을 알아감으로써 게이머들은 이를 보상으로 받아들이고 게임의 세계를 좀 더 확장해 바라볼 수 있게 됩니다. 다만 이는 게이머가 호기심을 갖고 있는 경우에만 해당합니다. 아무 관심이 없는데 지식 전달을 보상으로 두고 시나리오를 작성한다면 정작 게이머들은 아무런 동기나 성취를 느끼지 못할 수 있습니다.

4. 사회적 보상

다른 플레이어와의 상호작용이 보상될 수도 있습니다. 가장 간단한 예는 랭킹입니다. 팀이나 클랜, 길드 같은 게이머 공동체와 연관된 시나리오도 여기에 들어가지요. 게이머는 유대감이나 소속감을 느낄 수도 있고 상대적인 명예를 얻을 수도 있습니다. 여러 사람이 함께하는 모드가 있거나 콘텐츠에 별도의 시나리오가 있는 경우는 바로 이 때문입니다.

어떤 형태의 보상을 기준으로 하는지에 따라 시나리오의 목적과 방향성이 크게 달라집니다. 하고 싶은 이야기를 쓰기보다 필요한 이야기를 쓸 수 있도록 합시다.

디트로이트 비컴 휴먼

인간형 로봇과 함께 살아가게 된 미래 사회를 무대로 하는 게임입니다. 그 시대를 살아가는 두 중심 개체, 인간과 안드로이드 간의 갈등을 주제로 다루고 있습니다. 게이머는 세 명의 안드로이드를 조작하게 되는데요. 이들의 입장에서 다양한 상황을 맞닥뜨리며 크고 작은 선택을 하게 됩니다. 이를 통해 결말이 달라지고 결국에는 세계가 나아갈 방향까지 정해지게 되지요. 따라서 게이머의 책임이 크게 와닿는 작품입니다.

주어지는 선택지는 상황에 대한 판단뿐 아니라 도덕적, 윤리적, 감정적, 심지어 철학적인 내용까지 담고 있는데요. 이를 통해 기계가 감정을 가질 수 있는가, 기계도 인권을 갖는가에 대한 질문을 끊임없이 던집니다.

첫 번째 캐릭터인 안드로이드 탐정 코너는 주어진 임무가 있습니다. 당연히 지시를 완수하는 것이 사명이지만 불합리한 내용인 경우도 있고 한편으로는 자유를 추구하고 싶은 마음도 있지요. 두 번째 캐릭터인 가정부 로봇 카라는 학대받는 소녀와 함께 도주하는데요, 자신의 생존과 소녀의 보호 중에서 어느 것이 더 중요한지에 대한 고민을 하게 됩니다. 마지막 캐릭터인 마커스는 안드로이드 혁명을 일으키게 되는 과정을 겪게 되는데, 평화 시위와 폭력적인 혁명 사이에서 선택을 하게 됩니다.

게이머의 선택에 따라 스토리가 변화하는 방식은 게임 시나리오에서 가장 기본적인 형태입니다. 다만 이 모든 질문의 끝에는 책임이 있으며 모든 선택에 딜레마를 주는 것이 〈디트로이드 비컴 휴먼〉의 방식이지요. 심지어 인간의 시점이 아닌 서로 다른 상황에 놓인 세 종류의 안드로이드의 입장에서 판단하게 됩니다. 어쩌면 이 게임을 통해 AI와 기계에 대한 생각이 바뀌는 사람도 많지 않을까 생각해 봅니다. 우리 입장에서는 당연한 것이 그들의 입장에서는 불합리하고 폭력적인 것일 수도 있을 테니까요.

인간의 편리를 위해 만들어진 로봇은 존중받을 권리가 있을까요? 그들은 단순한 도구일 수도 있고 때로 고장이 나서 사람에게 위해를 가하는 위험물이 될 수도 있습니다. 다양한 상황과 인물을 통해 게이머는 자신만의 결론을 내려야 합니다.

이 게임은 전통적인 선택지 방식의 극한에 있기 때문에 조작에 대한 스트레스가 거의 없으며 영화와 같은 연출로 누구나 거부감 없이 접할 수 있게 배려하고 있습니다. 게이머의 선택에 대한 책임감, 그리고 다양한 철학으로 이어지는 입체적인 시나리오가 궁금하다면 이 게임을 추천합니다. 게임을 끝내고 나서 자기 생각을 돌아보면 더 많은 것을 느끼게 될 것입니다.

게임 시나리오 쓰는 데 도움이 되는 팁 5

창작 욕심 내려놓고 던져라

시나리오 직군은 게임 기획 직군 중에서도 창작에 특화된 직군입니다. 기존에 있는 리소스나 데이터, 시스템을 사용하기보다는 새로운 것을 계속 만들어야 하지요.

창작이라는 부분에서 많은 이가 머리를 쥐어짜는데요. 사실 창작은 매우 쉽습니다. 어렵게 느껴지는 이유는 '잘하려고' 하기 때문이며 '스스로 만족스러운' 창작을 하고 싶기 때문입니다.

잘하려고 하면 창작을 하기가 점점 더 어렵습니다. 잘하지 못하고 만족스럽지 못해도 일단 끝을 내보고 여러 번 산출해 보면서 다듬어 가는 것이 훨씬 효율적입니다. 또 몇 번 완성을 하다 보면 완성하는 것 자체가 습관이 되어서 적당한 선에서 끊을 수 있게 되기도 합니다. 제 친한 PD는 이를 '욕망 컨트롤'이라고 표현하더군요. 창작에 있어 중요한 팁은 '욕심을 내려놓고 던져라'라는 것입니다. 그것도 가급적 여러 번, 되도록 많이 말이지요.

창작할 수 없는 시나리오 기획자는 냉정하게 말해 쓸모가 없습니다. 앞으로 점점 더 설 자리가 없겠죠. 창작 외의 다른 작업은 AI가 대체할 테니까요. 적당한 시점에서 시나리오를 마무리하는 연습을 많이 해서 창작물을 산출하는 데 익숙해지기를 바랍니다.

삼천포로 빠지지 않기

창작을 하다 보면 내용이 이상한 방향으로 흐를 때가 많습니다. 의도한 것과 다르게 전개되기도 하고 심지어 전혀 다른 장르로 바뀌어 버리기도 하지요. 원인은 다양하지만 그중 하나는 '사람'입니다. 웹소설을 연재한다면 독자들의 댓글에 흔들릴 수 있고, 회사 사람들의 피드백이나 지시 사항에 따라 달라질 수도 있죠. 이런 경우 어떻게 해야 할까요?

애초에 잡아둔 생각과 설정을 고수하고 타인의 의견을 무시하는 것이 좋은 창작 방식일까요? 물론 어떤 글들은 자신의 뚝심을 밀어붙이는 것이 좋을 때도 있습니다. 하지만 게임 시나리오에 있어 경험이 적은 초보 작가라면 피드백과 지시 사항을 최우선으로 삼는 것이 좋습니다. 조금 심하게 말하겠습니다. 내가 보기에 잘 쓴 글은 아무런 쓸모가 없습니다. 잘 쓴 글, 잘 구성된 스토리는 필요하지 않습니다. 하지만 좋은 글, 좋은 시나리오는 필요하지요. 말장난으로 보인다면 조금만 더 깊이 생각해 보세요. 잘 쓴 글이 좋은 글일까요? 최소한 게임을 비롯한 요즘 콘텐츠에 필요한 글은 문장이 유려한 글이 아닙니다. 잘 읽히고 내용 전달이 잘되는 글이지요. 순문학에서는 잘 쓴 글이 좋은 글일 수 있지만 게임 시나리오를 비롯한 여타 콘텐츠에서는 다를 수 있음을 이해해야 합니다.

시나리오를 쓰다가 내용이 삼천포로 빠지는 또 다른 원인은 기준이 잡혀있지 않기 때문입니다. 시놉시스를 짜고 설정을 정하고 플롯 작업을 거치는 등 시나리오의 뼈대를 만들어 두면 스토리든 캐릭터 성격이든 크게 벗어나지 않습니다. 반면 뼈대 없이 시도된 창작은 중간에 변수가 생기면 많이 흔들릴 수 있죠. 이런 이유로 시나리오 초반에 기준을 정해두어야 합니다. 물론 게임 시나리오에서의 기준은 다른 영역의 글과는 다릅니다. 이 기준에 대한 것은 앞서 설명한 '기획 의도 다루기'(p.43)를 참조해 주세요.

여기까지 읽고 나면 한 가지 의문이 생길 수 있습니다. 타인의 피드백이나 지시를 최우선으로 하라면서 기준을 잡아야 삼천포로 빠지지 않는다고 하는 건 이중 잣대가 아니냐고요. 타인의 피드백을 듣고 자기 글을 바꿀 줄 아는 것은 중요하며 이를 기꺼이 받아들일 줄 알아야 합니다. 하지만 그렇다고 해서 모든 피드백과 반응에 맞춰야 하는 건 아닙니다. 예를 들어 서로 다른 피드백이 여러 개 들어온다면 어떻게 하겠습니까? 혹은 작품의 기준이나 방향성을 이해 못 한 채 들어오는 단편적인 피드백은요? 그런 것도 따라야 할까요? 그렇지 않겠지요. 피드백을 받았을 때 그 내용을 판단하고 적용하는 데 사용되는 것이 '기준'입니다. 이것이 잘 잡혀있지 않다면 여러분의 작업은 삼천포로 빠질 거예요. 그러므로 창작하기 전에 꼭 기준을 잡으라고 하는 것입니다.

고쳐쓰기보다 많이 쓰기

헤밍웨이는 "모든 초고는 쓰레기"라고 했습니다. 그리고 수십 번을 고쳐 써서《노인과 바다》,《무기여 잘 있거라》등과 같은 불후의 명작을 탄생시켰지요. 글을 쓰는 분이라면 익히 들었던 이야기일 것입니다. 하지만 저는 이 말에 반대합니다. 명확히는 게임 시나리오 기획자에게는 맞지 않는 이야기라고 생각합니다.

글을 다듬는 데 있어 가장 큰 문제는 시간입니다. 게임 시나리오 기획자에게는 글 하나에 긴 시간을 쏟아 고쳐 쓰는 것보다 퀄리티가 떨어지더라도 짧은 시간 안에 많은 것을 산출하는 것이 중요합니다. 글은 고칠수록 고쳐야 할 것들이 보이게 되니 시간을 많이 잡아먹습니다. 그래서 한 편의 글을 여러 번 고쳐 쓰기보다 차라리 빠르게 마무리하고 하나를 더 쓰라는 것입니다. 이는 창작에 대한 경험을 쌓는 일이기도 합니다. 예를 들어 퀘스트를 만드는 데 100번을 고쳐 써서 엄청난 퀄리티의 시나리오를 작성했다고 해봅시다. 하나의 퀘스트를 클리어하는 소요 시간이 10분 정도라고 할 때 여러분이 게이머라면 특별한 이야기를 담은 퀘스트 1개와 가벼운 퀘스트 100개 중 어느쪽을 선택하겠습니까? 아무리 멋진 이야기를 담은 퀘스트라 하더라도 10분 만에 끝나는 게임보다는 16시간 동안 플레이할 수 있는 게임을 선호할 것입니다. 게다가 게임은 퀘스트로만 이루어지는 것이 아니니 그 과정에서 덧붙는 즐길 요소들까지 생각하면 더더욱 그렇겠지요. 그럼에도 '나는 퀄리티 있는 한 개의 퀘스트가 더 좋아'라고 생각할 수도 있습니다. 하지만 이는 당신이 시나리오를 쓰는 일에 관심이 있기 때문일지도 모릅니다.

물론 퀘스트를 양산하는 일은 AI가 훨씬 잘할 수도 있습니다. 그러나 AI가 퀘스트를 양산하려면 해당 게임에 대해 입력해 줘야 할 것이 많습니다. 예외 사항도 하나하나 알려줘야 하지요. 그리고 AI로 퀘스트를 양산하더라도 어차피 다시 한번 퀘스트를 손봐야 합니다. 이 과정에 드는 시간보다 빠르게 작성할 수 있다면 당연히 기획자가 하는 게 유리합니다.

많이 써보는 것은 그런 면에서 도움이 됩니다. 처음 쓸 때는 이것저것 따지고 생각할 것이 많지만 여러 번 쓰다 보면 단어도 쉽게 떠오르고 문장 패턴도 딱히 고민하지 않아도 술술 나옵니다. 1시간에 최고의 한 문장을 쓰는 사람보다는 빠르게 대충 써도 균질하게 100문장 나오는 사람이 좋습니다. 게임 시나리오로 문학상을 탈 건 아니니까요. 게임 시나리오는 콘텐츠를 전달하는 방법의 하나일 뿐임을 기억하세요.

문장 길이와 리듬

게임에서 문장은 읽는 것이 아닌 '보이는 것'이어야 한다고 했습니다. 그렇다면 한 문장의 길이는 어느 정도가 좋을까요? 예를 들어 봅시다.

플레이어 캐릭터가 던전을 돌다가 보물 상자를 발견했습니다. 상자를 여는 순간 아이템이 획득되면서 메시지가 열립니다. 열쇠다!라는 메시지와 열쇠를 획득했다!라는 메시지 중에 어느 것이 더 적합할까요? 정답은 '화면에 보이는 UI와 텍스트의 크기에 따라 결정되는 것이 바람직하다'입니다.

그렇다면 황금빛 열쇠를 획득했다!라는 메시지는요? 열쇠 아이템 이름이 '황금빛 열쇠'일 수도 있고 아이콘 속의 열쇠 이미지가 황금빛일 수도 있습니다. 이때 전자라면 올바른 표기이지만 후자라면 잘못된 표기입니다. 아이템 이름이 그저 '열쇠'라면 문장 중간에 표기되어서는 인지하기가 쉽지 않을 것이기 때문입니다. 주인공인 '열쇠'라는 단어가 '황금빛'과 '획득했다'에 묻히게 되니까요.

다른 예로 그는 황금빛의 열쇠를 획득했다.라는 표현은 어떨까요? 대상이 중요하다면 올바른 표기일 수 있지만 일반적으로 캐릭터가 획득했음을 게이머는 알고 있을 것입니다. 직접 조작했을 테니까요. 그렇기에 불필요하게 문장이 길어지는 데다 중요한 단어가 뒤로 숨어버리는 상황까지 됩니다.

이처럼 문장은 짧게 쓰는 것이 기본이지만 UI 창의 크기에 따라 너무 짧으면 시인성이 떨어질 수 있으므로 적절한 글자 수를 찾아야 합니다. 또한 문장을 쓸 때는 가급적 문장의 첫머리에 중요한 정보를 담으세요. 빠른 게임을 선호하는 요즘 게이머들은 글의 앞부분만 읽고 넘어가니까요.

그렇다고 해서 모든 문장을 단답형의 짧은 글로만 쓴다면 누가 봐도 재미없고 딱딱한 시스템 메시지 같을 것입니다. 문장의 길이는 리듬감을 주도록 합니다. 긴 문장이 나열된 가운데 짧은 문장이 섞여 있다면 쉼표를 찍어 보다 쉽게 각인되도록 합니다. 또 짧은 문장이 나오는 가운데 긴 문장이 갑자기 나오면 집중하는 효과를 얻을 수 있습니다.

게임에서 글은 화면에 보이는 여러 시각적인 요소와도 균형을 이루어야 합니다. 강렬한 이펙트가 터지고 있는데 긴 문장이 나타나면 누가 읽겠어요. 당연히 이펙트로 시선이 빼앗기겠죠. 반면 화면 연출의 방향이 화면 상단에서 대사창으로 이동할 때는 게이머의 시선은 자연스럽게 텍스트 창으로 이동할 테니 이때 강렬하고 짧은 문장으로 시선을 끌 수도 있을 것입니다.

게임에 들어가는 텍스트의 리듬감은 텍스트 작업만으로는 구성할 수 없습니다. 다른 시각적, 청각적 연출들과 적절하게 균형을 이루어야 극적인 결과를 가져올 수 있습니다. 그러려면 여러분은 단순히 글만 쓰는 사람이 아니라 게임 전체의 연출을 볼 수 있는 시각을 갖춰야 합니다. 결국 여기서도 같은 말을 하게 되네요. 그 해법은 경험과 반복 학습 밖에는 없습니다.

코어가 되는 말과 덧붙이는 말

하나의 문장에는 코어(핵심)가 되는 단어가 있습니다. 하나의 문단에서도 역시 코어가 되는 문장이 있고 덧붙이는 문장이 있죠. 전체 내용 안에서도 코어가 되는 문단과 덧붙이는 문단들이 있습니다. 게임 시나리오에서는 이를 항상 신경 쓰면서 작업해야 합니다. 게임에서 중요한 것은 상호작용이며 게임 시나리오는 상호작용 이전에 행동을 유도하거나 상호작용 이후의 보상으로 전달되기 때문이죠.

게임 시나리오는 게이머가 이를 잘 인지할 수 있도록 해야 합니다. 예를 들어봅시다. 만약 어느 게이머가 게임 속에서 벽에 난 틈을 조사하는 동작을 취했고 이때 이런 문장이 나왔다고 해봅시다.

> 갈라진 벽 사이에 무언가 반짝이는 것이 있다.
>
> 에메랄드 광석을 발견했다!

이 문장에서의 핵심은 무엇인가요? 네, 에메랄드입니다. 나머지는 덧붙이는 말입니다. 벽을 조사했을 때 아무런 메시지가 나오지 않고 인벤토리에 에메랄드가 하나 추가되어도 게임 플레이에는 아무런 지장이 없습니다. 하지만 위와 같은 문장을 띄움으로써 플레이어에게 인지를 시킬 수 있죠. 이때 문장이 에메랄드를 발견했다!이거나 에메랄드를 획득했다!라고 해도 효과는 같을 것입니다. 나머지는 감성을 풍부하게 표현하기 위해서는 필요할 수 있지만 불필요한 부분이지요.

유명한 고전 소설 중 하나를 떠올리고 검색해 봅시다. 같은 소설인데도 어른이 보는 300페이지 이상의 책이 있고, 어린이가 보는 100페이지가량의 책도 있습니다. 청소년이 보는 책은 그 중간인 200페이지 정도네요. 신기하지 않습니까? 분명 같은 내용인데 어떻게 이리도 다른 구성이 나올 수 있을까요?

이처럼 분량을 줄이고 단순화시켜도 유지되는 부분을 코어, 나머지는 덧붙이는 부분이라고 이해하면 됩니다. 고전 소설은 연령대에 따라 책의 분량과 형태가 다르지만 게임은 어떨까요? 게이머에 따라서 달라집니다. 그리고 게이머를 분류하는 것은 장르와 플랫폼, 게임의 타깃층이지요. 아래 질문을 참조해서 문장의 수준을 정해보세요.

• 어느 정도의 연령대를 대상으로 하는가?
• 이 장르의 게임을 얼마나 많이 해본 사람을 대상으로 하는가?
• 타깃으로 삼은 대상은 텍스트를 읽는 데 부담이 없는가?
• 화면에서 텍스트는 어떻게 표기되는가?
• 이 장르의 기존 게임들은 어느 수준의 문장과 가독성을 제공하는가?

투 더 문

다소 오래된 게임이지만, 이 게임을 최고의 시나리오로 꼽는 사람이 은근히 많습니다. 〈투 더 문〉은 감정적 메시지 전달에 중점을 두고 쓰인 작품입니다. 로잘린 박사와 와츠 박사의 직업은 죽어가는 사람의 소원을 이루어지게 하는 것입니다. 꿈속에서 더 정확히는 뇌 속에서 말이지요.

두 사람은 의뢰인 조니의 기억을 파헤치며 그의 진정한 소원이 무엇인지를 찾아 나섭니다. 시놉시스만 보더라도 감성적일 것 같은 느낌이 오지요? 이 게임의 주요 주제는 죽음을 기반으로 한 사랑과 후회, 기억입니다. 어쩐지 무겁고 어두운 이야기일 것 같습니다. 철학적일 것 같기도 합니다.

하지만 이 게임은 그리 무겁고 진지하지 않습니다. 가벼운 유머와 함께 독특한 형태로 전달합니다. 죽어가는 주인공의 기억 속에서 아내의 모습을 발견하는 장면을 예로 들어보겠습니다. 게이머는 그녀와 직접 대화하거나 마주하지 못합니다. 그 대신 두 사람의 행동과 대화를 관찰하며 관계를 파악하게 되지요. 조니의 마지막 소원을 찾는다는 강력한 목표를 두고 장면마다 다양한 기억의 파편을 수집해 갑니다.

조니의 기억 속에 있는 장면과 메시지는 묵직한 것들이 많습니다. 자칫하면 어두운 이야기가 될 수 있겠지만, 로잘린 박사와 와츠 박사의 소소한 개그가 분위기를 가라앉지 않게 유지해 줍니다. 그래서 게이머는 자연스럽게 게임을 즐기며 감동과 여운을 느끼게 되지요.

게임스팟 2011년 최고의 스토리 상을 비롯해 2011 인디DB 최고의 인디 게임상, RPGFan의 2011년 최고의 인디 RPG상, Wired의 2011 베스트20 등 수많은 수상 경력을 가진 이 게임은 놀랍게도 RPG 만들기 툴로 만들어진 작품입니다. 화려한 연출이 없는데도 많은 사람의 마음에 와닿을 수 있었던 것은 스토리의 힘이 아닐까요? 한 편의 영화 같은 작품입니다. 플레이 타임이 길지 않으니 꼭 한번 해보길 바랍니다.

3부

게임 시나리오
전달하기

퀘스트 기획하기

목적을 구체화하고 나누기

게임 시나리오 기획자에게 요구하는 실무 능력은 여러 가지이지만 가장 많은 곳에서 필요로 하는 능력은 퀘스트 기획입니다. 퀘스트란 게이머에게 어떤 지시를 내리고 이를 수행함으로써 게임이 진행되는 시스템입니다. 퀘스트를 달성하면 다양한 형태의 보상을 받습니다. 요즘 등장하는 거의 모든 게임에는 퀘스트 개념이 들어 있지요. 물론 이름은 제각각입니다. '임무'라고 부르기도 하고 '미션'이라고 부르기도 합니다.

스토리를 전개하는 방식에는 두 가지가 있습니다. 하나는 캐릭터나 세계에 벌어지는 사건입니다. 이는 예측할 수 없고 그저 받아들일 수밖에 없습니다. 또 다른 하나는 게이머가 직접 진행하면서 경험하는 것입니다. 이때 스토리를 전개하기 위한 직접적인 가이드를 주는 것을 퀘스트라고 이해하면 됩니다. 결국 퀘스트의 목적은 플레이어의 행동 유도, 그리고 그 행동을 게이머가 스스로 하면서 스토리나 설정 혹은 전달하려는 내용을 받아들이도록 하는 거지요. 과거에 비해 수동적인 게이머들이 많아지면서 퀘스트의 중요성은 점점 더 높아지고 있으며, 모바일에서는 자동으로 퀘스트를 받아 진행하는 게임도 다수 등장했습니다.

퀘스트를 만들 때 절대적으로 중요한 것은 '목적'입니다. 단순히 멋진 이야기에 감동적인 장면을 연출하는 것은 의미가 없습니다. 그건 퀘스트가 아닌 퀘스트 이후 연출이나 시나리오에서 다룰 부분입니다. 그렇다면 목적에 집중한 퀘스트란 무엇일까요?

일단 세계관이나 시스템, 혹은 주변 지역의 이해를 위한 퀘스트를 들 수 있습니다. 게이머를 다른 지역으로 보내기 위한 퀘스트도 마찬가지고요. 영화나 만화에서는 정처 없이 여행하다가 사건이 벌어지기도 하지만 게임에서는 목적지가 주어져야 게이머들이 여행을 시작하니까요.

이 외에 게이머들이 과금하도록 유도하는 퀘스트나 특정 캐릭터의 매력을 돋보이게 하는 퀘스트도 이에 해당합니다. 다시 말하지만 게임에 있어서 중요한 건 목적이 없는 퀘스트는 없어야 한다는 것입니다. 목적은 회사로부터 주어지는 경우도 있고 스스로 만들어야 하는 경우도 있지만, 학습할 때는 자유로운 목적을 구상해서 퀘스트를 만들어 보길 바랍니다.

◖ 퀘스트 예시 ◗

이름	아름다운 숲의 비밀
목적	새로운 지역의 탐험을 통해 세계관을 이해할 수 있도록 유도함
내용	- 마을 장로와 대화: 숲에서 고대 유적지 찾기 임무 수주, 숲속 탐험 플레이 - 고대 유적지 발견: 문이 잠겨 있어서 장로에게 돌아가게 함 - 마을 장로와 대화: 보상 지급 및 유적지에 대한 설명 전달
보상	경험치, 고대 유적지의 열쇠, 신규 지역 해금

이렇게 목적이 정해지고 나면 이를 구체화해야 합니다. 주어진 목적을 어떤 퀘스트로 표현할 수 있을지를 생각해 보세요. 아마 다양한 형태의 퀘스트로 만들 수 있을 것입니다. 특정 아이템을 가져오는 퀘스트라면 사냥해서 해당 아이템을 수집하게 할 수도 있고 누군가가 그 아이템을 가지고 있어서 받으러 가는 심부름 퀘스트로 만들 수도 있습니다. 아니면 채집 지역에 가서 해당 아이템을 찾아오거나 아이템 제조 시스템을 활용한 퀘스트를 만들 수도 있겠지요.

이처럼 게임 시나리오 기획자의 퀘스트 창작은 하나의 목적을 중심에 두고 어떻게 표현할지를 정하는 거로 이해하면 됩니다.

목적이 퀘스트로 구체화되는 과정 예시

목적	신규 아이템 '회복약 G'를 유저가 자주 사용하게 하기	
방법	상점 NPC가 강력 추천을 하며 할인을 해줌	효과 미비
	유저에게 회복약 G를 지급해서 사용해 보도록 함	채택
	로딩 화면에 회복약 G에 대한 설명 띄우기	효과 미비
지급 방법	몬스터 드랍 아이템을 회복약 G로 교체	밸런스 우려
	퀘스트 보상으로 지급	채택
	상점 이용 시 보너스 상품으로 지급	이미지 손실
퀘스트 유형	상인의 짐마차를 훔쳐 간 산적 퇴치하기	
	꿀과 회복약을 연금술사에게 가져가 조합하기	
	연금술사의 탑에 있는 보물 상자 열기	

이 구체화 과정에서 필요한 것은 게임에 대한 시스템적인 이해와 기존 퀘스트들과의 균형일 것입니다. 그리고 어떤 퀘스트로 어떤 이야기를 만들지 결정했다면, 그다음 해야 할 일은 바로 '퀘스트 테이블'의 작성입니다.

퀘스트 테이블 작성하기

게임에서 퀘스트는 상호작용을 표현하는 가장 기본적인 방식입니다. 게이머에게 과제(임무)를 주고 이를 해결했을 때 보상을 얻게 하는 시스템이지요. 대다수의 게임이 이 방식을 차용하고 있습니다.

한편 퀘스트 테이블 작성은 시나리오 기획자에게 필요한 역량 중 하나이지만 제대로 가르쳐주는 곳을 찾기 힘듭니다. 왜냐하면 너무 쉽거든요. 자, 지금부터 간단한 퀘스트 테이블을 만들어 볼 테니 잘 따라와 주세요.

퀘스트: 당근 10개를 모아오면 다이아몬드를 줄게!

이 퀘스트를 테이블로 만들려면 내용을 분해해야 합니다.

당근 10개 + 모아오면 + 다이아몬드 + 줄게

목표	행동	보상
당근 10개	모으기	다이아몬드

이 내용을 조금 더 세분화해 보겠습니다. 당근과 개수는 나눌 수 있을 것 같고, 왠지 보상에도 개수가 필요해 보이네요. 다른 퀘스트에서는 다이아몬드를 2개 줄 수도 있으니까요.

목표	value	행동	보상	value
당근	10	모으기	다이아몬드	1

이 테이블로 다른 퀘스트를 얼마든지 만들 수 있겠죠?

> **퀘스트**: 토끼 10마리를 사냥하면 커피 3봉지를 줄게!

목표	value	행동	보상	value
당근	10	모으기	다이아몬드	1
토끼	10	사냥하기	커피	3

이해가 좀 되나요? 어느 정도의 템플릿이 만들어지면 그 다음에는 데이터만 변경해도 퀘스트가 생성됩니다. 이 다섯 개 항목 외에 더 필요한 것이 있을까요? 예를 들어 이 퀘스트는 누구에게 의뢰받는 것일까요? 보상을 주는 사람도 동일 인물일까요? 이 두 가지도 추가해 봅시다.

의뢰 NPC	목표	value	행동	보상 NPC	보상	value
마이즈	당근	10	모으기	마이즈	다이아몬드	1
마이즈	토끼	10	사냥하기	마이즈	커피	3
마이즈	편지	1	전달하기	초록비	책	1

의뢰 NPC와 보상 NPC 항목을 추가하면서 새로운 퀘스트를 하나 더 넣었습니다. '마이즈'가 '초록비'에게 '편지'를 전달하면 보상으로 '책' '1권'을 받는 퀘스트입니다. 이쯤이면 이해되었을 거로 생각하고 질문을 드리겠습니다.

만약 퀘스트에 레벨 제한이 있다면 어떻게 하면 될까요? 당근 모으기는 1레벨부터 할 수 있지만 토끼 사냥하기 퀘스트는 3레벨 이상만 할 수 있다면요? 힌트를 드리자면 한 가지 항목만 추가하면 됩니다. 이 부분은 먼저 충분히 고민해 보세요. 그런 다음 답이 나왔다면 다음의 예시와 비교해 봅시다. 칼럼이 하나 추가되었습니다. 당신의 답도 이와 같나요?

의뢰 NPC	레벨 제한	목표	value	행동	보상 NPC	보상	value
마이즈	1	당근	10	모으기	마이즈	다이아몬드	1
마이즈	3	토끼	10	사냥하기	마이즈	커피	3
마이즈	1	편지	1	전달하기	초록비	좋은 책	1

최대한 디테일하게 나누어 정리한다면 퀘스트 테이블은 누구나 작성할 수 있습니다. 이에 대한 개념이 잡혀 있지 않아서 어렵게 느껴질 뿐이지요. 여러분이 상상할 수 있는 최대한으로 항목을 세분화해 보세요. 그렇게 자신만의 템플릿을 만들어 보길 바랍니다.

인덱스와 스트링 테이블

퀘스트 테이블 만들기를 할 때 무언가 중요한 것이 빠진 것처럼 느껴지지 않았나요? 네, 그렇습니다. 퀘스트에 맞는 대사와 텍스트가 전혀 들어있지 않았어요. 이 부분은 어떻게 작성해야 할까요?

컴퓨터는 바보이기 때문에 우리가 쓴 대사가 어떤 퀘스트의 대사인지를 알지 못합니다. 그렇다고 퀘스트 테이블에 대사 항목을 만들어 분량이 얼마나 될지도 모르는 글자를 다 넣을 수도 없지요. 그래서 대사는 별도의 테이블에 작성하게 됩니다. 저는 이를 '스트링 테이블'이라고 부르는데 회사마다 부르는 용어는 다를 수 있습니다.

스트링 테이블을 만드는 방법은 전혀 어렵지 않습니다. 엑셀을 열고 한 줄에 하나씩 대사를 입력하면 됩니다. 다만 어떤 대사를 불러와야 할지 퀘스트 테이블에서 알 수 있도록 연결해야 하지요. 여기에서 사용되는 것이 '인덱스'입니다. 간단히 말해서 대사에 번호를 매기고 퀘스트 테이블에서 몇 번 대사부터 몇 번 대사까지 표시하라고 알려준다고 생각하면 됩니다. 이 대사 번호는 해당 대사의 이름표이자 인덱스입니다. 아래 예시 표에서는 93000, 93001로 표기되어 있습니다. 확인해 보세요.

퀘스트 테이블

시작 대사	종료 대사	레벨 제한	의뢰 NPC	목표	value	행동	보상 NPC	보상	value
930000	930001	1	마이즈	당근	10	모으기	마이즈	다이아	1

스트링 테이블

930000	당근 10개만 모아다 주면 다이아를 줄게! 정말이야!
930001	고마워! 나는 당근 주스를 만들어야겠다! 다이아를 줄게!

이 인덱스는 게임상 모든 데이터 테이블에 사용됩니다. 대사는 퀘스트에만 나오는 것이 아니니까요. 아이템 설명 등 다른 텍스트도 이처럼 스트링 테이블에서 불러오는 방식을 활용합니다. 즉 게임의 모든 데이터는 인덱스를 붙여 사용한다고 보면 됩니다.

여기서 질문을 드릴게요. 위 설명에서는 시작 대사와 종료 대사가 각각 한 줄이었는데요. 만약 여러 줄의 대사가 필요하다면 어떻게 해야 할까요? 제대로 이해했다면 대사 한 줄 한 줄에 인덱스가 붙는다는 것을 알았을 겁니다. 이를 활용하는 방법은 여러 형태가 있지만 여기서는 두 가지만 알려드릴게요.

❖ 칼럼 안에 '시작 인덱스'와 '종료 인덱스'를 넣는 방법

칼럼 안에 인덱스가 하나만 들어가야 한다는 제약은 없습니다. 따라서 '시작 대사' 칼럼 안에 두 개의 인덱스를 넣습니다. 두 개의 인덱스는 첫 대사의 인덱스와 마지막 대사의 인덱스입니다. 프로그램 담당자와의 협의에 따라서 칼럼에 두 개의 인덱스를 넣는 방법은 달라질 수 있지만 일반적으로는 중괄호 { } 안에 콤마(,)로 구분해서 넣는 방식을 많이 사용합니다.

> **Example** {시작 대사의 첫 인덱스, 시작 대사의 마지막 인덱스}

❖ 별도의 '대화 신 묶음'을 만들어서 링크하는 방법

별도의 '대화 신 테이블'을 만들거나 대화 신을 묶어서 이름을 붙이고, 퀘스트 테이블에서는 '대화 신 테이블'의 인덱스를 넣거나 미리 정해둔 대화 신의 이름을 넣는 방식입니다. 이 방법은 수정하기 힘들다는 단점이 있지만 데이터 관리는 효율적으로 할 수 있습니다.

퀘스트 테이블 구조화하기

게임에 따라 부르는 용어는 조금씩 다르지만 퀘스트는 다양한 형태가 있습니다. 스토리 전개와 관련한 '스토리 퀘스트'가 있고 중심 내용과는 다른 '서브 퀘스트'가 있습니다. 서비스형 게임이라면 매일 접속을 유도하기 위한 '일일 퀘스트'가 있고, 특정 레벨이나 조건이 되어야 참가할 수 있는 '조건형 퀘스트'가 있죠.

이 각각의 퀘스트를 제작한다고 할 때, 이제 여러분은 앞에서 배운 퀘스트 테이블을 구성하려고 하겠지요? 그런데 고려해야 할 것이 하나 더 있습니다. 퀘스트의 형태나 종류는 다양하지만 테이블은 대부분 통합해서 사용한다는 점입니다. 게임에 따라서는 한 개의 테이블에 타입을 구분하는 칼럼을 두어 분류하기도 합니다. 이 경우 모든 퀘스트는 동일한 템플릿을 사용해야 하지요.

퀘스트 테이블 작성에 익숙해졌다면 이번에는 다양한 종류의 퀘스트를 포함해 보세요. 하나의 테이블을 다양하게 적용할 수 있는 구조가 될 수 있도록 고민해 보면서요. 팁을 하나 드리겠습니다.

퀘스트A의 보상: 10골드, 다이아 3개, 약초 3개

퀘스트B의 보상: 20골드, 강철검 1개, 현재 걸린 상태 이상을 치료해 줌

이 두 가지를 모두 만족할 수 있는 퀘스트 보상 테이블을 만들려면 칼럼은 몇 개가 필요할까요? 지금까지 설명한 대로라면 6개가 될 것입니다. 아래 표를 확인해 봅시다. 인덱스는 임의로 지정했습니다.

인덱스	골드	다이아	약초	강철검	기타
142400	10	3	3	0	-
142401	20	0	0	1	상태 이상 치료

하지만 이렇게 작성한다면 새로운 보상 아이템이 생길 때마다 칼럼이 추가되어야 할 것입니다. 퀘스트C의 보상이 10골드와 당근 3개이고, 퀘스트D의 보상은 모자 1개라고 간주해 볼까요? 그러면 테이블은 이렇게 되겠지요.

퀘스트C의 보상: 10골드, 당근 3개

퀘스트D의 보상: 모자 1개

인덱스	골드	다이아	약초	강철검	당근	모자	기타
142400	10	3	3	0	0	0	-
142401	20	0	0	1	0	0	상태 이상 치료
142402	10	0	0	0	3	0	
142403	0	0	0	0	0	1	

이런 식으로 계속 추가한다면, 퀘스트가 100개쯤 작성될 무렵에는 칼럼이 수백 개가 될지도 모릅니다. 당연히 비효율적이지요. 따라서 이를 조금 더 구조화합니다.

인덱스	골드	보상A	A의 수	보상B	B의 수
142400	10	다이아	3	약초	3
142401	20	강철검	1	스킬 적용	스킬 인덱스
142402	10	당근	3		
142403	0	모자	1		

보상A 칼럼 안에 '다이아'와 '강철검', '당근', '모자'까지 여러 아이템이 동시에 들어있습니다. 보상B 칼럼에는 '약초'와 '스킬 적용'이라는 전혀 다른 내용도 섞여 있네요. (이해를 돕고자 '다이아', '강철검', '약초' 같은 이름을 적었지만 실제로는 해당 아이템의 인덱스가 표시될 것입니다). 이런 테이블이라면 '골드+보상 2개' 구조인 게임에서는 더 이상 칼럼을 추가할 필요가 없을 것입니다. 이처럼 조금만 통합해도 훨씬 더 가벼운 테이블을 만들 수 있습니다.

특히 반복 퀘스트나 서브 퀘스트, 에픽 퀘스트 등은 사용 조건 및 반복 여부 등 많은 부분에서 완전히 다른 데이터를 가져야 할 것처럼 여겨지지만 테이블 칼럼을 어떻게 구조화하는지에 따라 통합할 수 있다는 사실을 반드시 알아두세요.

첨언하자면 퀘스트의 구성에 정답은 없습니다. 조직에 따라 혹은 게임의 구조나 장르 및 플랫폼에 따라, 서버와 데이터 구분에 따라 효율적인 방식은 모두 다르니까요. 따라서 정답을 찾지 말고 스스로 이해할 수 있어야 합니다.

PRACTICE

현재 플레이하고 있는 게임의 퀘스트 및 미션들을 메모해서 테이블을 작성해 보세요. 정답은 없으니 자신 있게 구성해 보길 바랍니다.

서브 퀘스트 구분하기

스토리를 중심으로 하는 게임에서 되는 스토리는 메인 퀘스트로 다뤄집니다. 그렇다면 서브 퀘스트는 어떤 의미가 있을까요?

서브 퀘스트는 메인 퀘스트에 등장하는 인물이나 특정 장소, 아이템에 대한 설정을 담습니다. 서브 퀘스트를 하면서 게임을 더욱 깊이 이해하도록 하는 거죠. 또한 난도 밸런스를 위해 서브 퀘스트를 활용하는 경우도 있습니다.

메인 스토리가 많지 않다면 게임의 플레이 타임이 짧을 텐데요. 이를 늘리는 가장 쉬운 방법은 메인 스토리 퀘스트를 레벨별로 넓게 분포해 두는 것입니다. 다만 이 경우 각 스토리 퀘스트 사이에는 레벨을 높이기 위한 무의미한 반복 구간이 길어지겠지요. 즉 다음 이야기를 보려면 레벨을 높여야 하므로 게이머는 억지로 지루한 플레이를 해야 할 것입니다.

이를 완만히 하기 위해 서브 퀘스트를 두는 건데요. 이 경우 서브 퀘스트는 반복 퀘스트가 포함되어 있을 수 있습니다. 일반적인 퀘스트는 한번 클리어하면 사라지지만 반복 퀘스트는 여러 번 할 수 있는 퀘스트입니다. 특정 아이템을 수집하거나 재화를 벌기 위해 혹은 레벨을 높이기 위한 단순 반복 플레이에 짧은 동기부여를 더함으로써 플레이를 지속할 수 있게 하는 요소죠.

퀘스트는 기간에 따라 일일 퀘스트, 주간 퀘스트 등으로 분류하기도 합니다. 일일 퀘스트는 제한 시간이 하루인 퀘스트입니다.

24시간이 지나면 사라지기 때문에 하루 안에 클리어해야 합니다. 일반적인 서비스형 게임들은 일일 퀘스트를 매일 반복적으로 부여함으로써 플레이어들의 접속을 유도합니다. 많은 게이머가 이를 '숙제'라고 부르지요.

주간 퀘스트는 제한 시간이 일주일인 퀘스트입니다. 일일 퀘스트로 매일의 접속을 유도한다면 주간 퀘스트를 통해 한 주 동안 최소한의 플레이 시간을 확보하는 거죠.

이처럼 퀘스트는 게이머들에게 강력한 동기를 부여하는 요소입니다. 그렇다면 게이머들은 퀘스트가 재미있어서 매일 접속하는 것일까요? 물론 아니겠지요. 퀘스트를 달성했을 때 주는 보상이 주목적일 것입니다. 안타까운 이야기지만 기간에 따른 퀘스트는 시나리오가 크게 중요하지 않습니다. 그러므로 퀘스트의 종류에 따라 시나리오의 중요성을 잘 구분하고 이에 맞춰 작성하는 것이 좋습니다. 일일 퀘스트에 메인 퀘스트급의 시나리오와 대사, 설정을 붙인다면 그야말로 비효율적이지 않을까요?

연속 퀘스트를 기획하는 목적

퀘스트에는 다양한 종류가 있음을 설명했습니다. 그런데 앞서 말하지 않은 또 다른 형태의 퀘스트가 있습니다. 이른바 '연퀘'라고 부르는 연속 퀘스트입니다. 연속 퀘스트는 여러 개의 퀘스트가 순차적으로 연결되어 있는 방식입니다. 예를 들어보겠습니다.

첫 번째 퀘스트로 당근을 모아오라고 해서 모아 갔더니 두 번째 퀘스트로 플레이어가 모아온 당근으로 주스를 만들었다며 대왕 토끼에게 가져다주라고 합니다. 대왕 토끼에게 가서 당근 주스를 주면 세 번째 퀘스트로 용궁으로 숨어버린 사기꾼 거북이를 잡아 와 달라고 부탁합니다. 용궁에 가서 세 번째 퀘스트를 달성하면 용왕이 나타나 실은 대왕 토끼가 나쁜 놈이니 잡아달라고 부탁하는 네 번째 퀘스트가 나옵니다.

이처럼 하나의 퀘스트에서 퀘스트가 계속해서 연결되는 방식을 연속 퀘스트라고 합니다. 스토리를 이어가는 방식이니 재미있게 구성할 수 있을 듯한데요. 이를 위해서는 연속 퀘스트를 만드는 목적에 대해서 충분히 인지하고 있어야 합니다. 저는 연속 퀘스트의 목적을 5가지로 분류했으나 이 외에도 여러 목적이 있을 수 있습니다. 하나씩 짚어보겠습니다.

1. 동선의 유도

첫 번째는 동선의 유도입니다. A지역에 머무는 게이머를 B지역의 새로운 콘텐츠로 유도하고 싶습니다. 만약 A지역에서 B지역까지 거리가 너무 멀다면? 한 번의 퀘스트나 보상으로 이동시키기 부담스러울 수 있습니다. 이런 경우 중간중간 연속 퀘스트를 심어두어 퀘스트를 하면서 B지역까지 자연스럽게 이동하도록 유도할 수 있습니다.

2. 게임의 지속

두 번째는 게임을 지속하게 하기 위함입니다. 일반적으로 게이머는 플레이하던 퀘스트를 끝내고 게임을 종료하려는 경향이 있습니다. 이때 연속 퀘스트로 게이머를 붙잡아 두는 거죠. 하지만 이보다 더 중요한 연속 퀘스트의 역할은 퀘스트를 끝내지 못한 채 종료한 게이머를 다시 접속하게 만드는 것입니다. 따라서 이탈률이 높은 구간에 연속 퀘스트를 배치해 이탈률을 줄이고 재접속률을 높이는 형태로 활용할 수 있습니다.

3. 스토리 전달

연속 퀘스트의 세 번째 목적은 스토리 전달입니다. 요즘 게이머들은 긴 스토리를 선호하지 않습니다. 그래서 스토리를 작은 퀘스트로 토막 내어 플레이를 통해 조금씩 전달해 완성하는 거죠. 긴 텍스트를 읽거나 듣는 것보다 직접 플레이하면서 경험하는 것이 스토리 전달에 있어 더 좋은 선택임은 두말할 나위가 없겠지요?

4. 학습시키기

네 번째 목적은 학습입니다. 새로운 시스템이 나왔거나 새로운 지역을 소개할 때 여러 개의 퀘스트를 배치해서 순차적으로 진행하게 하거나 반복시킴으로써 학습시킬 수 있습니다. 이 또한 최근 게이머들의 변화와 연관있는데요. 아무리 자세하게 튜토리얼을 적어두어도 읽지 않기 때문에 연속 퀘스트로 배치하는 경우가 많습니다.

5. 기억시키기

다섯 번째 목적은 기억입니다. 마을에 있는 NPC가 저 동굴에 사는 괴물이 엄청 크고 무서워!라고 말하는 것보다 직접 동굴 근처에 가서 보게 하는 것이 훨씬 기억에 잘 남습니다. 이를 단일 퀘스트보다 연속 퀘스트로 경험한다면 더욱 강렬하게 남겠죠. 다시 말해 게임에서 중요하게 기억해야 하는 항목들을 연속 퀘스트로 배치해 두면 게이머의 기억에 각인시킬 수 있습니다.

이 외에도 연속 퀘스트는 다양한 목적으로 사용될 수 있습니다. 제가 많이 활용했던 것은 위의 5가지이지만 앞으로 변화하는 게임에서는 더 많은 목적이 생길 수 있습니다.

퀘스트 완급 조절하기

앞서 스토리 전개와 관련한 퀘스트를 '스토리 퀘스트'라고 했는데요. 이는 연속 퀘스트를 통해 구성할 수 있습니다. 그렇다면 스토리 전개를 위한 연속 퀘스트는 어떻게 작성하면 좋을까요?

게임이 아닌 다른 분야에서는 재미와 감동을 중심으로 시나리오를 작성하지만 게임에서는 이와 같은 형태가 적용되지 않는다는 걸 이제 여러분도 이해할 것입니다. 게임에서 재미는 시나리오가 아니라 게이머의 자유행동으로 만들어지니까요.

그래서 게임에서는 설정과 행동 유도를 통해서 스토리라인을 구성하게 되는데요. 여기서 또 하나 고려해야 할 것이 있습니다. 바로 '완급 조절'입니다.

극단적인 예시를 들어보죠. 10개의 퀘스트가 이어지며 스토리를 전개하는 연속 퀘스트가 있다고 합시다. 첫 번째 퀘스트를 클리어하는 데 5시간이 걸렸습니다. 두 번째 퀘스트를 클리어하는 데는 10시간이 걸렸습니다. 세 번째 퀘스트를 클리어하는 데는 20시간이 걸렸습니다. 이제 게이머들은 네 번째 퀘스트를 시작해야 합니다. 어떨 것 같은가요? 게임을 계속하는 것에 저항감을 느끼지 않을까요?

반대로 첫 번째 퀘스트를 클리어하는 데 1분이 걸렸고, 두 번째 퀘스트를 클리어하는 데도 1분이 걸렸다고 합시다. 게이머들은 이 연속 퀘스트의 가치를 어느 정도로 둘까요?

시간을 기준으로 구분했지만 이는 퀘스트의 난도일 수도 있고 해야 할 행동의 복잡성이나 조건의 까다로움일 수도 있습니다. 여기서 제가 말하고 싶은 것은 스토리 전개상 어쩔 수 없이 어려운 퀘스트나 복잡한 내용이 포함되더라도 그 뒤에는 어느 정도 휴식할 수 있는 내용이 따라와야 게이머들이 안심하고 뒤의 내용을 전개할 거라는 겁니다. 즉 게임에서 퀘스트를 통한 스토리 전개의 핵심은 완급 조절입니다. 그러니 게이머의 피로도를 잘 고려해서 몰입이 떨어지지 않게 구성해야 합니다. 스토리의 완성도와 재미보다 이것이 우선입니다.

퀘스트 스크립트 작성하기

퀘스트를 만드는 작업 중 시나리오 기획자의 정체성에 관련된 작업은 퀘스트 스크립트를 작성하는 일일 겁니다. 쉽게 말해 대사를 쓰거나 퀘스트 설명을 글로 적는 거지요. 이 스크립트는 게이머에게 보이는 부분이기도 합니다.

퀘스트 스크립트를 쓸 때 주의해야 할 점이 있을까요? 네, 게임에 따라서 조금씩 차이가 있다는 걸 고려해도 공통으로 염두에 두어야 할 부분이 있습니다. 바로 스토리 안에 핵심 문장을 배치하고 그 문장 안에 전달해야 할 단어를 잘 담는 것입니다. 예를 들어보겠습니다.

> 저녁 7시에 예약해 둔 아이스크림을 받아 녹기 전에 리디아에게 전달하기

이 내용 중 게임에서 중요한 것은 무엇일까요? 저녁 7시, 받아, 녹기 전에, 리디아에게, 전달하기입니다. 이 항목들의 공통점은 행동에 대한 지시나 조건이 담겨있다는 거죠.

아이스크림은 중요할까요? 중요하겠지만 다른 것들보다는 중요도가 낮습니다. 만화나 영화 시나리오였다면 아이스크림에 의미를 담아 중요하게 부각할 수도 있겠지만 게임에서 무엇보다 중요한 것은 플레이어의 행동입니다.

자, 그럼 위의 내용을 대사로 작성해 봅시다. 긴 대화 안에 중요

한 요소들을 적절히 배치합니다. 앞서 다룬 대로 두괄식이거나 미괄식 혹은 양괄식으로 배치하는 것이 좋습니다.

Example 제일 앞 줄과 제일 뒷 줄을 확인해 봅시다.

나디아 : 리디아에게 선물을 전달하고 싶어. 도와줄래?

나디아 : 오늘 내 동생 리디아의 생일이거든.

나디아 : 리디아는 아이스크림을 먹는 게 꿈이래!

나디아 : 그래서 돈을 열심히 모았는데, 예약한 시간에 일이 생겼어.

나디아 : 나 대신 좀 전달해 줘. 근데 그거 알지?

나디아 : 여기는 사막 지역이라서 아이스크림이 엄청 빨리 녹을 거야.

나디아 : 녹기 전에 받자마자 빨리 뛰어가야 해!

나디아 : 예약 시간 잊지 마!

나디아 : 저녁 7시야! 받자마자 리디아에게 뛰어가!

혹자는 이런 시나리오 창작을 아쉬워할 수 있습니다. 게임 시나리오 기획자는 목적에 따른 텍스트를 작성할 뿐 창작은 하지 못하는 거냐고요. 당연히 그렇지 않습니다. 다만 창작의 방향이 다를 뿐입니다.

중요한 부분을 전달하는 기본적인 요건을 만족한다면 나머지는 창작의 영역입니다. 이 아이스크림에 어떤 스토리가 담겨있는지, 리디아는 어떤 캐릭터이고 나디아와 어떤 관계인지, 아이스크림 예약의 이유와 전달했을 때의 상황이나 사연 등 아직도 창작할 부분이 많이 있습니다. 하지만 게임은 개인 창작물이기 앞서서 누군가가 직접 참여하고 다루어야 하는 콘텐츠이므로 기본적인 것을 먼저 코어로 잡아두고 나머지를 채워나가야 합니다.

클리셰에 대해서

클리셰란 무슨 뜻일까요? 너무 많이 자주 사용되어서 식상하거나 뻔히 예측되는 내용을 말합니다. 예를 들어 동화 마지막에 오래오래 행복하게 살았습니다로 끝나는 것도 클리셰입니다. 공포 영화에서 혼자 일행과 떨어진다면 피해자가 된다거나 주인공이 일찍 죽는다면 다시 살아날 것을 예측하는 것도 클리셰입니다. 게임 속 캐릭터를 볼 때 '이 캐릭터는 지금은 같은 편이지만 곧 배신하겠구나' 싶은 캐릭터를 발견하기도 합니다. 요즘은 이야기의 패턴뿐 아니라 외적인 모습이나 배경, 상황에서도 클리셰라는 개념이 사용되고 있습니다.

시나리오에서 식상해진다는 것, 즉 클리셰는 좋은 의미일까요? 아마 그렇지 않은 경우가 많겠지요. 그래서 최근에는 '클리셰 비틀기'라는 형태로 관객의 예측을 벗어나기도 합니다. 클리셰를 이용해서 관객의 예측을 유도한 뒤 반전을 주는 방식으로 활용하는 거죠.

그렇다면 게임 시나리오 관점에서 질문을 드리겠습니다. 게임 퀘스트에서는 클리셰를 적용하는 게 좋을까요? 아니면 클리셰를 비틀어 반전을 주는 게 좋을까요? 게임 시나리오에서 중요한 것은 사용자, 즉 게이머입니다. 그리고 앞서 말한 것처럼 그중 일부의 게이머는 텍스트를 읽지 않고 게임을 하는 경우가 많습니다. 이 경우 반전이 복잡하면 알아차리지 못한 채 넘어가거나 후반부 시나리오에서 혼란을 느낄 수 있습니다.

다시 말해 게임 퀘스트를 작성할 때 클리셰를 이용하면 오히려 손쉽게 스토리를 전달할 수 있는 거죠. 대충 넘겨도 충분히 예측할 수 있을 테니까요. 따라서 게임 시나리오에서는 클리셰를 비틀거나 피하기보다 적극적으로 활용해서 게이머에게 스토리를 쉽게 전달하는 것이 중요합니다.

그렇다고 클리셰를 무조건 따르기만 해야 하는 것은 아닙니다. 클리셰를 따르는 퀘스트 수십 개 중에서 한두 개의 반전 퀘스트가 있다면 효과가 클 것입니다. 그렇다면 한두 개에 해당하는 '반전 퀘스트'는 어떤 퀘스트에 어울릴까요?

일반 퀘스트라면 앞서 말한 것처럼 스토리 전달이 어려울 수 있습니다. 따라서 텍스트뿐만 아니라 연출이나 기타 여러 방법을 통해 시나리오를 전달하는 특수한 스토리 퀘스트나 이벤트 퀘스트를 중심으로 해야 합니다. 중요한 건 게임 시나리오에서는 클리셰를 다루는 방법이나 개념이 다를 수 있다는 점입니다. 이를 잘 고려해서 퀘스트 시나리오를 작성하면 좋겠습니다. 예를 들어 보겠습니다.

❖ 퀘스트 내용

악당 캐릭터와 협력해서 특정 목표를 달성해야 하는 퀘스트를 받게 됩니다. 게이머들은 보통 클리셰처럼 악당이 중간에 배신할 것을 예상할 것입니다.

✤ 반전

퀘스트 마지막에 악당이 예상과 달리 약속을 지키며, 훌륭히 임무를 완수합니다. 그러나 게이머가 임무를 마치고 돌아온 후 그 악당이 사실은 몰래 다른 정보를 수집하고 빼돌렸다는 사실이 밝혀집니다.

✤ 효과

악당의 배신이라는 전형적인 클리셰를 비틀어 악당이 임무를 완수하도록 하지만 이대로 진행하면 악당 캐릭터의 설정이 붕괴합니다. 따라서 뒤에 숨겨진 꿍꿍이를 드러냄으로써 반전의 긴장감을 제공하고 캐릭터 설정을 유지합니다. 이런 방식은 메인 시나리오에 포함되어도 좋고 포함되지 않아도 좋은 되는 시나리오 형태 중 하나입니다.

게임 시나리오에 AI 활용하기

AI를 활용한 퀘스트 작성하기

게임 시나리오 작업 중 양산이 필요한 것은 퀘스트입니다. 그렇기 때문에 퀘스트 기획자만 따로 구인하기도 하지요.

퀘스트를 만드는 데 걸리는 시간은 어느 정도일까요? 일단 시나리오 기획자는 퀘스트의 설정과 구성을 정하고 데이터를 테이블화하고 리소스를 체크하며 대사까지 써야 할 것입니다. 때에 따라서는 다이얼로그를 작업하고 밸런스까지 챙겨야 할 수도 있습니다.

이런 과정을 퀘스트 하나씩 하지는 않지만 만약 그렇게 한다면 퀘스트 한 개당 최소 30분에서 한 시간 가까이는 걸릴 것입니다. 하지만 최근 챗GPT와 같은 대화형 AI를 이용한다면 이 시간을 많이 줄일 수 있습니다. 하나씩 살펴보겠습니다.

1. 퀘스트의 설정과 구성 정하기

2. 데이터를 테이블화하기

3. 리소스 체크하기

4. 대사 작성하기

5. (상황에 따라서) 다이얼로그 작성

이 중에서 AI로 할 수 있는 건 무얼까요? 1번은 메인 퀘스트가 아닌 서브 퀘스트나 반복 퀘스트 등은 AI로 할 수 있습니다. 하지만 중요한 건 AI를 활용할 때는 순서가 다르다는 겁니다. 일단 2번인 퀘스트 테이블 구조를 먼저 잡은 후 테이블의 각 칼럼과 퀘스트의 목적을 AI에게 설명하고 만들어달라고 하는 거죠.

1번과 2번은 AI가 쉽게 리스트업해 줄 것입니다. 3번의 리소스 체크는 AI로는 불가능합니다. 현재 개발 상황에 있는 데이터를 확인해야 하는데 이 내용을 매번 AI에 알려줄 수는 없으니까요.

4번의 대사 작성은 AI로 가능합니다. 이 경우 해당 NPC의 성격을 입력하고 퀘스트의 분위기 등을 전달하면 좀 더 의미 있는 대사를 만들어 낼 것입니다. 그리고 대사 입력 시 잊지 말아야 할 것은 UI의 글자 수를 입력하는 것입니다.

이렇게 AI를 적절히 활용하면 작업 시간을 크게 단축할 수 있습니다. 물론 현재 수준의 AI는 100% 신뢰할 수 없으므로 중요도가 상대적으로 적은 서브 퀘스트 등에 사용해 보길 바랍니다. 그리고 반드시 한 번은 직접 검수하는 편이 좋습니다. 예를 들어 보겠습니다.

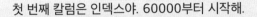

ChatGPT를 활용하여 작성한 퀘스트 테이블

첫 번째 칼럼은 인덱스야. 60000부터 시작해.

두 번째 칼럼은 퀘스트 타입이야. hunt, collect, talk 세 가지 타입이 들어가. 세 번째 컬러는 퀘스트의 제목이야.

이 지역은 뜨거운 사막 지역이야. 마을 주민들은 모두 물을 찾고 있어.

게이머들은 고대의 유적지를 찾아 이 지역에 왔어.

이 조건으로 퀘스트 테이블을 채워줘. 우선 10개면 될 것 같아.

	Index	Quest Type	Quest Title	Quest Description
1	60000	hunt	sand beast hunt	마을 주민들을 위협하는 사막 야수를 사냥하라.
2	60001	collect	water for the thirsty	사막 주변에서 희귀한 물을 모아 마을 주민들의
3	60002	talk	ancient secrets	사막에 숨겨진 고대 유적지에 대한 지식을 가진 학자를 만나 정보를
4	60003	collect	oasis supplies	오아시스 근처에서 마을 주민들이 생존할 수 있도록
5	60004	hunt	guardian of the ruins	유적지 입구를 지키는 고대의 수호자를 사냥하라
6	60005	talk	lost knowledge	유적을 해독하는 데 필요한 고대 언어를 아는 역사가와
7	60006	collect	hidden waters	마을을 가뭄에서 구할 수 있는 지하의 숨겨진 물을
8	60007	hunt	dune stalker hunt	사막에서 여행자들을 공격하는 신비로운
9	60008	talk	village elder's request	마을 장르와 대화하여 물 부족 사태에 대한 정보를
10	60009	collect	ruined relics	연구와 무역을 위해 유적지에 흩어진 고대 유물을

AI로 게임 시나리오를 기획할 수 있을까

최근 다양한 직군의 업무가 AI로 대체되는 현실을 보면서 많은 사람이 불안감을 느끼고 있습니다. 어쩌면 지금 쓰고 있는 이 내용 역시 1~2년 뒤에는 다른 시각으로 바라보게 될지도 모르겠습니다. 그만큼 AI의 발전 속도는 빠릅니다.

하지만 감히 말하건데 게임 시나리오 기획은 결코 AI로 대체될 수 없을 것입니다. 게임 시나리오 '집필'이라면 대체될 가능성이 있지만 '기획'만큼은 불가능하다고 단언할 수 있습니다. 그 이유는 게임의 발전과 변화, 게이머들의 니즈가 계속해서 달라지기 때문입니다. 이 책에서 장르별, 플랫폼별, 서비스 유형별로 게임 시나리오를 다르게 써야 한다는 내용을 확인했을 것입니다. 몇 년 전 과거에 유행하던 게임 중 요즘은 전혀 찾아볼 수 없는 형태도 있고, 과거 아무도 관심 두지 않았던 유형의 게임이 갑자기 세계적인 열풍을 가져오는 경우도 있습니다. 이는 게임의 기술 변화와 더불어 게이머들이 게임을 영유하는 방식이 함께 변화했기 때문입니다.

여기에는 논리와 이론이 아닌 감성과 문화가 작용합니다. 그런데 만약 AI를 통해 게임 시나리오 기획을 한다면 어떻게 진행할까요? 아마도 과거에 높은 평가를 받던 게임의 방식을 가공하겠지요? 여기에서 말하는 과거는 한 달 전일 수도 있고 1년 전, 장르나 소재에 따라 10년 전일 수도 있습니다.

좀처럼 변화하지 않는 이론이나 논리로 작용하는 기술 또는 과학에서는 AI가 유용합니다. 하지만 문화와 감성, 트렌드와 경험적 응용이 필요한 시나리오 기획에서 AI는 주가 될 수는 없습니다. 요즘 유행하는 게임 장르를 하나 골라 3개월 전, 6개월 전, 1년 전의 시나리오와 비교해 보세요. 접근과 구성, 코어와 패턴이 완전히 다른 것을 확인할 수 있을 것입니다.

예외적으로 고전적인 장르의 평범한 시나리오를 양산하고 싶다면 AI가 유용할 수는 있겠습니다. 다만 그런 프로젝트라면 애초에 게임 시나리오 기획자가 필요 없겠지요. 인디 게임이 아닌 이상 기업에서 이런 형태의 프로젝트를 진행하는 건 매우 드무니까요. 따라서 게임 시나리오 기획자를 꿈꾸거나 이미 그 자리에 있는 여러분과는 크게 관련 없는 이야기일 것입니다.

그렇다고 AI를 활용할 필요가 없다는 말은 아닙니다. 게임 시나리오를 작성하는 과정에서 과학적 지식이나 논리적 검증, 문맥이나 구성의 확인, 스토리가 막혔을 때의 의견 제시 등 다양한 형태로 활용할 수 있습니다. 보조 작가라고 생각하면 좋을 것 같습니다.

바로 앞에서 저는 AI를 활용하여 퀘스트 테이블을 채웠습니다. 이처럼 기본 형태를 갖춰두고 데이터 양산이 필요할 때 활용하세요. 전적으로 의존하는 것이 아니라면 AI는 상당히 유용할 수 있습니다. AI로 게임 시나리오를 만든다는 사람이 있다면 게임 시나리오를 '집필'을 하는 거로 이해하세요. 게임 시나리오 '기획'은 결코 AI가 대체할 수 없으니까요.

위쳐 3

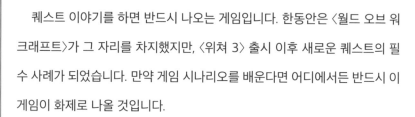

퀘스트 이야기를 하면 반드시 나오는 게임입니다. 한동안은 〈월드 오브 워크래프트〉가 그 자리를 차지했지만, 〈위쳐 3〉 출시 이후 새로운 퀘스트의 필수 사례가 되었습니다. 만약 게임 시나리오를 배운다면 어디에서든 반드시 이 게임이 화제로 나올 것입니다.

〈위쳐 3〉는 폴란드의 유명한 판타지 소설 《위쳐》를 게임화한 것으로 시리즈의 3번째 작품입니다. 게이머는 주인공인 게롤트가 되어 딸과 같은 제자인 시릴라를 찾아 전 세계를 여행합니다. 〈위쳐 3〉에 등장하는 퀘스트의 가장 큰 특징은 모든 퀘스트의 목적이 명확하다는 점입니다. 이전 MMORPG에서는 긴 플레이 타임과 한정된 자원, 대규모 플레이어의 한계로 '시간 때우기' 형태의 퀘스트가 추가될 수밖에 없었지만 〈위쳐 3〉 서브 퀘스트에도 명확한 목적이 부여되어 있습니다. 물론 콘솔/패키지 게임이라 가능했던 부분도 있지만요.

　게이머들은 서브 퀘스트를 통해 이야기의 설정과 세계를 조금 더 알아가게 되는데요. 놀라운 점은 이 모든 내용이 서로 유기적으로 연결된다는 겁니다. 단순한 내용으로 생각한 서브 퀘스트의 결과에 따라 특정 NPC의 운명이 달라지기도 하고, 특정 지역에 있어야 할 인물이 다른 지역에서 사망한 채 발견되기도 합니다. 심지어 국가 간의 관계나 세력 구도에 영향을 주기도 하지요.

　이 모든 선택이 즉각적으로 나타나는 것은 아닙니다. 게이머의 작은 선택이 나비 효과가 되어 먼 미래에 반영되기도 하죠. 이를 통해 나 자신이 살아 숨쉬는 세계에 영향을 미친다는 느낌을 받게 됩니다. 때로는 관여하고 싶지 않아 피하기도 하고 적극적인 도움을 주었다가 후회하게 되는 경우도 있지요. 이 모든 게 퀘스트를 통해 이루어진다는 점은 놀라울 따름입니다. 싱글 플레이 게임이라서 가능한 게 아니냐고 할 수도 있지만 현재 〈위쳐 3〉의 퀘스트 구성을 벤치마킹한 온라인 게임이 다수 개발되고 있으므로 가까운 미래에 다수 게이머의 선택에 따라 변화하는 세계가 등장할지도 모르겠습니다.

　전체 구성이나 개념 외에 〈위쳐 3〉 개별 퀘스트의 디테일을 살펴본다면 그 다양성과 배려에 또 한 번 놀라게 됩니다. UI를 통해 전달되는 내용과 시각적, 청각적 연출을 통해 전달되는 내용, 내러티브를 통해 전달되는 내용을 명확히 분류하고 있으며 이 중 일부를 전달받지 못하더라도 이해하지 못하거나 답답하지 않도록 배려하고 있습니다. 그 방식에서 퀘스트 외적인 장치들도 활용하는데 퀘스트를 기반으로 더해진 콘텐츠 및 시스템의 분량에 감탄하게 됩니다. 만약 시나리오 기획 업무 중에서 퀘스트 직군을 목표로 한다면, 〈위쳐 3〉는 필수로 거쳐야 할 게임입니다.

세계관과 지역 설정하기

세계관 만들기의 기준

세계관이란 무엇일까요? 쉽게 말하면 '무대'라고 할 수 있습니다. 영화에서의 세계관은 사건이 벌어지는 무대이며 게임에서의 세계관은 플레이어가 활동하는 무대를 말하지요. 간단하게 우리가 살고 있는 지구를 예로 들어보겠습니다.

우리는 태양계에 있는 지구라는 행성에 살고 있고 이곳은 70%가 바다로 되어 있습니다.
인간이라는 종족이 압도적으로 다른 종족을 지배하고 있습니다.
인간은 다수의 인종과 수십 개의 국가로 나뉘어 있고 이들은 각각의 고유한 문화를 지닙니다.

마법은 존재하지 않습니다. 대신 기계가 발달해 있고 다양한 도구를 활용합니다. 인터넷을 통해 전 세계의 데이터와 정보가 연결되어 있습니다.

계속해서 정리한다면 끝도 없이 길게 적을 수 있을 것입니다. 이것이 기본적인 세계관입니다. 여기에 '장르'나 '콘셉트'라는 관점으로 들여다보면 방향성이 달라집니다. 예를 들어 SF 장르에서 지구의 세계관을 말해볼까요?

태양계에 있으며 태양으로부터 3번째 가까운 행성이다.
그 주변을 달이 돌고 있고 인공위성이 지구 주위를 돌고 있다.
지구는 일정 주기로 자전과 공전을 한다.

추리 게임 장르라면 위와 같은 내용은 전부 필요 없고 민주주의 체계이고 직업군은 어떻게 되어 있고 빈부 격차는 어떠한지 인간들의 사회성이나 지적 수준은 어떤지가 중심이 되겠지요. 경영 시뮬레이션 게임이라면 자본주의의 구성이나 회사의 구조, 직급, 문화, 조직 관리 방식이 세계관의 중심이 될 수도 있습니다.

이처럼 세계관은 기본적으로는 모든 걸 담고 있어야 하지만 장르나 게임 콘셉트에 따라 어느 면은 자세히 다루고 또 어느 면은 가볍게 다루거나 무시해도 됩니다. 따라서 세계관을 만들고 게임의 장르나 콘셉트를 정하기보다 어떤 게임을 개발할지 먼저 정한 다음 그에 맞는 세계관을 구축하는 것이 효율적입니다.

세계관을 만드는 방법은 개인에 따라서 다르고 딱히 체계가 필요한 것도 아닙니다. 하지만 초보자를 위해 이 책에서는 공간적인 배경, 개념적인 배경, 생물적인 배경, 시간적인 배경, 문화적인 배경, 이렇게 5단계로 구성해 설명하겠습니다.

세계관 만들기 – 공간적 배경

세계관을 만들 때 '공간'이 빠질 수 없죠. 우리 주변을 둘러보세요. 눈에 보이는 모든 걸 담는다고 생각하면 됩니다.

게임을 개발하는 과정에서 공간적인 배경은 그래픽 팀, 정확히는 배경 그래픽 디자이너들이 제작합니다. 이때 시각적인 면 이외에도 중력은 있는지 날씨는 어떤지까지 포함해야 합니다. 오픈월드 게임이나 MMORPG처럼 넓은 맵을 사용하는 게임이라면 각각의 지역과 지형까지, 도시라면 건축 양식까지도 세계관에 포함합니다.

물론 책상의 재질이 나무인지 돌인지, 실내 구조는 어떻게 되어 있는지 등 세계관의 영역을 벗어나는 콘텐츠나 리소스, 레벨 디자인까지 디테일한 수준으로 정해둘 필요는 없습니다. 거시적인 관점에서 공간을 상상하는 대로 적어 보면 됩니다.

Example 세계관 만들기: 공간적 배경

• 모든 공간이 물로 이루어져 있음 '지상이 없는 물의 혹성'

• 밑으로 내려갈수록 어두워짐

• 수면 위에는 하늘이 있고 구름이 떠 있으며 항상 비가 내리고 있음

• 물속 중간중간 떠다니는 건축물들이 있고 해초나 산호로 이루어짐

PRACTICE

자신이 상상하는 세계의 공간적 배경을 써봅시다.

....

....

....

....

....

....

....

....

....

....

....

....

....

세계관 만들기 - 개념적 배경

공간적 배경이 완성되었다면 그다음은 공간에 개념을 담습니다. 개념이란 마법이나 영력, 도력, 소환 등이 존재하는지, 기계 기술이 발달해서 로봇이 인간과 함께 생활한다거나 우주여행이 가능해져 있다거나 세상에 좀비 바이러스가 퍼져 있거나 하는 등등 세계가 운영되는 개념을 말합니다.

개념적 배경에 따라서 앞서 정한 공간의 활용이 크게 달라질 수 있습니다. 무엇보다 개념적 배경은 게임의 콘셉트에 가장 큰 영향을 줍니다. 똑같이 중세 시대를 배경으로 한다고 해도 마법을 사용하느냐 아니냐에 따라 게임이 달라지고 흑사병이나 마녀사냥 등을 소재로 한 게임, 대체 역사를 소재로 한 게임도 있습니다.

같은 '중세'라는 시공간을 배경으로 사용하지만 개념적 배경에 따라 다른 게임이 되는 거죠. 하나의 공간에 개념적 배경을 두어 가지 정도 바꿔가면서 설정해 보세요. 개념적 배경의 변화가 세계관에 얼마나 큰 영향을 주는지 확인하게 될 것입니다.

앞서 정한 물의 세계에 개념을 다르게 적용해 보겠습니다.

A. 기계가 발달한 세계

• 물속을 이동하는 거대한 기차 같은 것이 있고 작살총 같은 무기를 사용

• 손상되기 쉬운 몸의 일부를 금속이나 기계로 바꿔 천적으로부터 보호

B. 자연을 받아들이고 살아가는 야생의 세계

• 우리가 알고 있는 물속의 모습과 크게 다르지 않음

• 다양한 생명체가 사는 생태계가 있고 지역마다 개체 분포가 다름

C. 마법을 사용하는 존재가 있는 세계

• 물의 온도를 조절해 얼음을 생성할 수 있음. 얼음 건축물이 있음.

• 마법으로 만들어진 특별한 존재와 도구가 있음

PRACTICE

자신이 상상하는 세계의 개념적 배경을 이어서 써봅시다.

....

....

....

....

....

....

....

세계관 만들기 - 생물적 배경

　　공간적 배경과 개념적 배경이 잘 설정되었다면 생물적 배경은 쉽게 이어갈 수 있습니다. 세계의 70%가 바다라면? 해양 생물들이 존재하겠지요. 마법이 있는 세계라면? 마법 생물이 존재할 겁니다. 하늘에 떠 있는 섬이 배경이라면? 하늘을 날아다니는 생물들이 있을 것이고 지상에 사는 생물들과는 다른 형태의 진화 과정을 거쳤을 것입니다.

　　생물적 배경을 설정하는 데 있어 주의할 점은 이것이 캐릭터나 몬스터를 설정하는 것이 아니라는 것입니다. 세계관 설정은 조금 더 넓게 봐야 하는데 몬스터 한 마리를 먼저 설정해 두고 이에 맞추어 생물적 배경을 꿰맞추는 것은 문제가 있습니다. 한두 번은 들어맞을 수 있지만 이런 형태가 반복되면 설정이 붕괴할 가능성이 높기 때문입니다.

　　따라서 몬스터나 캐릭터 하나하나에 집중하기보다 세계관을 정립한다는 넓은 시각으로 생물적 배경을 지정하도록 합니다. 여기에는 이 세계에 살고 있는 종족도 포함되며 종족들의 특징 역시 공간과 개념에 의해 달라집니다.

앞서 정한 '물의 세계'에 생물적 배경을 정해보겠습니다.

- 이 세계에 살고 있는 생물은 아가미로 호흡

- 물속을 이동하기 위해 지느러미 혹은 물고기 형태의 꼬리가 존재

- 이 세계는 지면이 없으므로 '발'은 퇴화해 존재하지 않음

- 피부는 딱딱한 갑각 형태이거나 미끄러운 비늘 형태로 분류

- 해초 등을 먹고 사는 초식류와 다른 생명체를 먹는 육식류가 있음

PRACTICE

자신이 상상하는 세계의 생물적 배경을 이어서 써봅시다.

....

....

....

....

....

....

....

....

....

....

....

세계관 만들기 - 문화적 배경

생물과 종족까지 갖추고 나면 이 세계에 문화를 정해 주어야 합니다. 문화는 단순한 지식 수준을 정하는 것이 아니라 조금 더 디테일해야 합니다. 부족의 형태는 어떤지, 군주제인지 대통령제인지, 공산주의인지 민주주의인지, 아니면 아무것도 정해진 것이 없는 정글 상태인지 등등. 이러한 문화적 배경을 통해 사회가 이루어지고 계급이 정해질 것입니다.

그리고 문화에 따라 언어의 종류나 수준도 정해야겠지요. 모든 종족이 글과 소리로 소통할 필요는 없습니다. 조금 더 상상력을 발휘해서 작성해 보세요. 게임으로 표현할 수 있는지도 중요하지만 그것은 나중의 문제입니다.

Example 세계관: 문화적 배경

앞서 정한 '물의 세계'에 문화적 배경을 정해보겠습니다.

- 이 세계는 4개의 구역으로 분류되어 있음
- 물의 특성상 각 구역의 경계가 모호해서 분쟁이 자주 일어남
- 각 구역의 수도는 공간적 배경에서 말한 건축물 형태로 거대함
- 4개의 구역은 각각 부족 국가이며 왕정 사회와 유사
- 각 구역은 생물학적 종이 아닌 성향으로 분류
- 대화와 교류, 폭력과 쟁취, 예술과 감성, 지식과 과학으로 구분
- 구역 별로 언어가 다르지 않으며 음파로 대화함

- 기계를 다룰 수 있는 부족원은 소수이며 사회적으로 대우를 받음

- 물속 자원은 누구에게나 평등하므로 빈부 격차는 존재하지 않음

PRACTICE

만들고 있는 세계의 문화적 배경을 이어서 써 봅시다.

....
....
....
....
....
....
....
....
....
....
....
....
....
....
....

세계관 만들기 - 시간적 배경

여기까지 잘 따라왔다면 여러분은 하나의 세계를 완성했을 것입니다. 이제 남은 것은 여러분이 창작한 이 세계의 어느 시점에서 게임을 전개할 것인지를 정하는 것입니다.

좀비 바이러스가 퍼진 세계라면 이제 막 퍼지는 시점에서 시작할 수도 있고 인간이 거의 멸종 위기에 빠진 상태에서 시작할 수도 있습니다. 현실을 무대로 한다면 조선 시대일 수도 있고 원시 시대 혹은 현재의 대한민국일 수도 있습니다.

시간대를 정함에 있어 반드시 따라와야 할 것은 역사에 대한 설정입니다. 게임 무대에 들어서기 전까지의 스토리를 만들어 두는 것은 이 세계에 현실성을 부여하며 게임의 몰입감을 높여줄 수 있습니다. 많은 부분에 있어 개연성을 만들어 주기도 하지요. 공간적인 배경, 생물학적인 배경, 문화적인 배경, 심지어 개념적인 배경에까지 원인과 이유를 붙여줄 수 있는 작업입니다. 지금까지 만들어 둔 세계관을 완성하는 마지막 작업으로 볼 수 있습니다.

Example **세계관: 시간적 배경**

앞서 정한 '물의 세계'에 시간적 배경을 부여해 보겠습니다.

- 이 세계의 생성에 대한 이야기는 모두 다르게 알려짐
- 구역마다 다르게 전달되고 있음
- 이 세계가 생겨난 것은 수천만 년 전

- 하지만 생명체들이 지적인 활동을 한 것은 200년 남짓
- 200년 전에 각 구역의 왕이 되는 4인이 가장 먼저 각성했음
- 그 원인은 외부의 존재에 의한 것이지만 알려지지 않았음
- 짧은 역사인데도 기계 문명이 놀랍게도 빠르게 발전
- 각성의 역사가 짧아 선조로부터 무언가를 배우지는 못한 시대임
- 따라서 전설이나 역사에 대한 소재는 존재하지 않음

PRACTICE

만들고 있는 세계의 시간적 배경을 이어서 써봅시다.

세계관 만들기 - 기타 설정

이제 세계관이 완성되었습니다. 마지막으로 게임에 필요한 설정들을 덧붙입니다. 탈 것은 어떤 것이 있는지, 무기는 어떤 종류인지, 아이템은 어떤 형태인지 등 거시적인 세계관에는 포함되지 않지만 게임에는 필요한 설정들입니다. (이는 엄밀히 말하면 세계관에 포함된다고 할 수 없지만 편의상 세계관 구성에 추가한다고 생각하세요.)

Example 세계관: 기타 설정

앞서 정한 물의 세계를 활용합니다.

• 물속 세계이므로 모든 개체가 헤엄치듯 떠다님

• 기계 문명이 발달함

• 거대한 고래 및 뱀장어 형태가 구역 이동 수단으로 사용됨

• 이 이동수단에 매달리거나 내부에 들어가 다른 구역으로 이동함

• 정차하지는 않고 계속 무한히 돌아다닐 뿐임

• 물속이므로 전기나 불 관련 무기나 아이템은 사용할 수 없음

• 무기는 물의 저항을 덜 받는 창이나 작살 등 찌르는 형태 위주

• 아이템도 액체 형태는 흐르므로 물약 등은 존재하지 않음

PRACTICE

만들고 있는 세계의 기타 설정을 이어서 작성해 봅시다.

....

....

....

....

....

....

....

....

....

....

....

....

....

....

....

....

....

설정은 서술형보다 목록형으로

지금까지 여러분은 세계관을 만드는 과정을 진행했습니다. 게임 시나리오 기획자 입장에서 이 과정을 문서로 만든다면 어떻게 작성해야 할까요? 소설처럼 서술형으로 써서 문서화하는 방법도 있지만 이 방식은 추천하지 않습니다. 그 이유는 기획자가 쓰는 기획서는 누군가에게 전달되어 읽혀야 하는 문서이기 때문입니다.

빽빽하게 쓰인 글자는 눈에 잘 들어오지 않습니다. 내용을 파악하려면 몇 번을 읽어야 할 수도 있어요. 이런 이유로 서술형보다는 목록형으로 작성하라는 것입니다. 간단한 예를 들어보겠습니다.

서술형

이 게임은 중세 시대를 배경으로 하고 있으나 운석이 떨어져 무너진 성곽과 마을을 보여줍니다. 찬란했던 도시가 폐허가 되어 있으며 운석에서 나타난 기괴한 몬스터들이 마을 주민을 학살하고 있습니다. 빈부 격차가 심해서 도시 외곽은 판자촌이며 이곳에서 게임을 시작하게 됩니다. 마법이 존재하지 않는 세계지만 운석의 영향으로 레벨이 오를수록 조금씩 마법을 사용하게 됩니다.

```
목록형
```

중세 시대

- 무너진 성곽과 마을: 운석 충돌로 인함

- 폐허가 된 도시: 과거에 찬란함이 엿보임

- 도시 외곽의 판자촌: 시작 지점

몬스터

- 기괴한 형체

- 운석에서 나타남

마법

- 마법이 존재하지 않는 세계

- 점차 마법 사용이 가능해짐: 운석의 영향

- 몬스터는 마법 사용 가능

예시에서는 길지 않은 내용이라 크게 차이가 나지 않지만, 문장으로 내용을 서술하는 것보다 항목별로 분류하여 리스트(목록)로 작성하는 것이 내용을 파악하기에 훨씬 편합니다. 자기가 담당하는 부분이나 궁금한 부분을 바로 찾아볼 수 있게 항목별로 구성하기도 쉽지요. 비단 세계관이나 시나리오 기획뿐만 아니라 대부분의 게임 기획은 서술형보다는 목록형으로 나누는 것이 효율적임을 기억하고 연습을 많이 해보길 바랍니다.

PRACTICE

앞서 연습 문제를 통해 작성한 세계관을 리스트로 정리해 봅시다.

....

....

....

....

....

....

....

....

....

....

....

....

....

....

....

....

....

세계관 소개 문구 작성하기

게임 홈페이지나 게임 설정 창 등에 들어가 보면 세계관 소개 문구를 볼 수 있습니다. 좋아하는 게임을 검색해서 확인해 보세요. 지금까지 세계관에 관한 내용을 다루었으니 이번에는 이 문구를 작성하는 부분을 살펴보려 합니다.

앞서 세계관을 정리할 때 서술형이 아닌 목록형으로 작성하라고 했는데, 그것을 내용 그대로 서술형으로 정리하면 세계관 소개 문구가 아니냐고 반문할 수 있습니다. 하지만 그렇지 않습니다. 세계관에 관한 내용을 단순히 서술형으로 정리한 것은 사람들에게 읽히기 쉽지 않습니다. 중심이 없기 때문이죠.

대개의 창작자는 자기 창작물에 대해 객관성을 갖기 힘듭니다. 그래서 리스트 형태로 정리한 후 서술하는 과정이 필요합니다. 리스트로 정리한 항목을 하나하나 보면서 이 게임에서의 중요도를 확인해 보고 중요도에 따라 다시 나열하는 것입니다. 창작자인 당신은 모든 항목을 보여주고 싶겠지만 세계관 설명이 수십, 수백 문장에 달한다면 아무도 읽지 않을 것입니다. 따라서 게임을 플레이했을 때 확인할 수 있는 것들, 예를 들어 건축 양식이나 종족 소개 같은 중요도가 낮은 항목은 후순위로 두는 등 중요도에 따라 리스트를 재배열하고 그걸 보면서 새롭게 문장을 작성합니다.

세계관 소개는 여러분이 힘들게 만든 방대한 세계관을 압축해서 보여주는 것입니다. 가급적 한 줄 한 줄 의미 있는 내용을 담으려고 노력하세요. 여기서도 명심해야 할 점은 게임은 감상하는 콘텐츠가 아닌 경험하는 콘텐츠라는 점입니다. 내가 만든 세계를 설명한다는 느낌보다는 플레이어에게 이제부터 들어갈 세계를 소개한다는 느낌으로 작성하면 더 좋은 결과물이 나올 것입니다.

Example **포스트 아포칼립스 생존 게임의 세계관**

인류 문명이 붕괴한 지 50년, 황폐해진 지구에서 생존을 위해 무리를 지어야 합니다. 부족한 자원과 변종 생명체들이 가득한 이 땅에서 당신의 결정 하나하나가 생사의 갈림길을 가르게 됩니다. 안전하던 과거는 이제 잊으세요. 이곳에서 당신은 오직 자신과 동료들의 생명을 지키기 위해 싸워야 합니다.

Example **사이버펑크 어드벤쳐 게임의 세계관**

거대한 기업들이 도시를 장악한 미래, 인간의 본질은 점점 기계와 융합되고 있습니다. 권력과 욕망이 충돌하는 이 세계에서 당신은 불법 해커로서 자신만의 정의를 실현하게 됩니다. 이 도시의 네온 불빛 속에 숨겨진 진실을 파헤치며 자신의 존재 이유를 찾아가십시오.

Example **중세 전략 시뮬레이션 게임의 세계관**

봉건 제도가 무너진 뒤 왕국은 끝없는 혼란 속으로 빠져들었습니다. 고대 성채와 황량한 전쟁터, 의심과 갈등이 지배하는 귀족들의 정치. 평화가 떠난 이 땅에는 오직 힘이 모든 걸 결정합니다.

PRACTICE

앞에서 정한 리스트에서 꼭 필요한 부분만을 추출해서 세계관 소개를

작성해 보세요.

지역 설정과 레벨 디자인하기

　　지역 설정은 게임 시나리오 영역과 레벨 디자인 영역에 걸쳐 있는 부분입니다. 개발 조직에 따라서는 콘텐츠 영역에 들어가거나 그래픽 영역에 있기도 합니다. 따라서 시나리오 기획자의 업무가 아닌 경우도 많습니다.

　　우선 지역 설정은 게임에 따라 개념이 달라지는데요. 특정 국가나 대륙 단위의 큰 지역을 의미할 수도 있고, 전투가 벌어지는 스테이지를 의미하거나 마을과 필드 같은 무대를 말하기도 합니다.

　　세계관과 다른 점은 공간적으로 더 작고 시간, 문화, 개념 등에 대한 설정은 제외된다는 것입니다. 공간적 배경 안에 들어가는 세부 요소라고 볼 수 있습니다. 여기서 좀 더 들어가면 레벨 디자인이 됩니다. 즉 지역 설정과 레벨 디자인의 차이는 '디테일'로 이해하면 됩니다.

❖ 지역 설정

　　지역 설정 해당 지역의 크기부터 시작해 어떤 구성물이 있는지, 어떤 콘셉트를 가졌는지, 기후와 밝기, 지형 등의 환경적인 요인은 어떠한지, 몬스터는 어디에 배치할지, NPC는 어떤 그룹인지 등을 지정하는 것입니다. 게임에 따라서는 지역마다 게이머에게 또 다른 인터렉션 요소를 제공하기도 합니다. 이런 경우 게임의 콘셉트에 맞게 추가적인 요소가 담겨 있어야겠지요.

Example 판타지 RPG 마법의 숲 지역

- **지역 설정**: 신비로운 마법이 깃든 숲으로 다양한 마법 생명체들이 서식하고 있으며 낮과 밤에 따라 환경이 변합니다.

- **(특수 인터렉션) 마법의 꽃**: 가까이 다가가면 게이머를 집어삼키는 파리지옥 타입의 꽃입니다. 크기는 2미터에서 10미터까지 다양합니다. 이 파리지옥에 삼켜지면 숲 중앙에 있는 연못으로 순간 이동됩니다.

- **효과**: 마법 숲의 신비로운 분위기를 살리면서 플레이어가 이 지역에서만 경험할 수 있는 특별한 상호작용을 통해 몰입감을 높입니다.

Example 포스트 아포칼립스 서바이벌 게임의 폐허 도시 지역

- **지역 설정**: 전쟁으로 폐허가 된 대도시로 건물들은 파괴되고 도시는 황량하게 변했습니다. 여기저기 붕괴한 건물과 생존자 은신처가 있습니다.

- **(특수 인터렉션) DVD 플레이어**: 도시 안의 특정 건물 중 여기저기에 배치되어 있습니다. 이 오브젝트와 상호작용 시 과거 도시의 이야기를 알 수 있습니다. 확인한 메시지는 메뉴의 '파일' 항목에 자동 저장됩니다.

- **효과**: 도시가 폐허가 되기 전의 이야기를 제공하면서도 수집 요소를 자극하는 이 지역만의 특수한 요소로 작동합니다.

❖ 레벨 디자인

레벨 디자인은 지역 설정에서 정한 내용을 조금 더 디테일하게 게이머에게 직접 맞닿은 공간을 기획하는 일입니다. 예를 들어 지역 설정을 하면서 이 지역에 10종류의 몬스터가 등장한다고 설정했다면, 레벨 디자이너는 이 몬스터를 어디에 몇 마리씩 배치할지를 결정합니다. 지역 설정에서 특정한 건축 양식의 탑이 있어야 한다고 했다면 레벨 디자이너는 이 탑이 어디에 어떤 형태로 되어 있어야 게임 플레이가 매끄럽게 진행될지를 판단합니다. 결국 지역 설정은 레벨 디자인과 같은 실제 개발 작업들이 이루어지기 전에 밑바탕에 깔리는 일이라고 생각하면 됩니다.

지역 설정을 문서화할 때 주의해야 할 부분은 문서의 대상입니다. 지역 설정은 게이머 눈에는 보이지 않습니다. 만약 그렇지 않다면 게이머들을 위한 지역 설정을 다시 해야 할 것입니다. 게임 기획자의 문서는 어디까지나 개발팀을 위한 것이니까요.

같은 이유로 지역 설정을 소설처럼 이야기 형식으로 쓰면 곤란합니다. 숲 지역을 만든다고 할 때 크고 작은 다양한 나무가 늘어서 있다와 같은 표현은 의미가 없습니다. 그래픽 담당자 입장에서는 나무가 사람에 비해 얼마나 큰지, 초록 잎인지 단풍잎인지, 가지만 앙상한지 풍성한지 등 나무의 형태가 필요하지요. 그래서 숲을 지역 설정할 때는 나무 형태를 리스트로 작성하는 것이 맞습니다. 이때 나무의 배치까지 신경 쓸 필요는 없습니다. 이 나무들을 이용해서 길을 만들고 게이머들에게 재미를 제공하는 것은 레벨 디자이너의 역할이니까요.

다음은 간단히 정리해 본 지역 설정 예시입니다. 실무에서는 더욱 디테일한 내용이 담겨야 하지만 기본적인 방향성을 파악하는 데는 충분할 것입니다.

1. 지역 개요

이름	그늘 숲(Shadow Forest)
기후	- 습하고 서늘함(SE로 연출) - 안개가 자주 끼며 빛이 약하게 비침(안개 표현 및 라이트 조절)
특징	- 거대한 고목과 나무들이 빽빽하게 배치되어야 함 - 오래된 숲속 오솔길 느낌 - 희미하게 빛나는 버섯 오브젝트 배치 - 곳곳에 덩굴 오브젝트 배치
색감	짙은 초록색과 어두운 갈색(차분한 분위기)

2. 환경 구성 요소

분류	이름	크기	내용
나무	거대한 고목 나무	20~25m	- 줄기는 두껍고 거침 - 잎은 어두운 녹색 - 잔가지가 빽빽하게 퍼져 있음
	소나무	10~15m	- 길고 뾰족한 잎 - 초록빛이 강함
	단풍나무	8~12m	붉은색 잎
	앙상한 나무	5~8m	잎이 없이 가지만 있는 나무
지면 오브젝트	빛나는 버섯	0.5m	- 은은한 빛을 뿜어냄 - 오솔길 주변에 가이드 역할
	덩굴	2m	- 길을 막는 용도 - 나무와 나무 사이에 걸침
	고사리	0.5m	땅에 깔려 있어 충돌하지 않음

※ 캐릭터 키를 2m로 간주한 기준

3. 몬스터

이름	배치	공격 타입	비고
습격 늑대	수풀 속	선공-근접 공격	
독거미	나무 사이	선공-근접 공격	공격에 중독 효과
숲 유령	제한 없음	선공-원거리 공격	- 밤에만 등장 - 공격에 데미지는 없으나 MP 감소 효과
나무 정령	나무 사이	후공-디버프 공격	- 일반 나무처럼 숨어 있음 - 공격에 데미지는 없으나 방어력 디버프가 걸림

※ 환경 속에 숨은 몬스터들 위주로 구성
※ 이를 통해 배경을 집중해서 볼 수 있게 유도함

4. 지형 요소

이름	형태	용도	의도
오솔길	좁고 구불구불함	주요 이동 경로	메인 시나리오로 가는 방향을 명확히 제시
절벽	높은 절벽	시나리오 활용	다시 올라올 수 없는 높이로 구성해 시나리오에 활용할 일방향성 레벨을 구축
계곡	물이 흐르고 있음	이동 경로 제한	지역을 벗어나지 못하도록 이동을 막는 데 활용함
돌무더기	돌이 쌓여 있음	이동 경로 제한, 시야 제한	- 물이 존재하기 힘든 위치에서 경로 유도로 활용 - 레벨 디자인에서 유저의 시야 를 가리는 용도로 활용

5. 기타 설정

구분	낮/밤 구분	내용
광원	낮	희미하게 밝은 태양(나뭇잎에 가려진 느낌)
	밤	은은한 달빛 + 빛나는 버섯의 빛
BGM	공용	- 낮은 볼륨으로 신비로운 분위기만 살림 - 나뭇잎 밟는 소리 등 SE가 잘 들리도록 함
SE	낮	- 나뭇잎이 흔들리는 소리 - 은은한 새소리
	밤	- 멀리서 늑대 울음 소리 - 귀뚜라미 소리

◢ PRACTICE

예시의 표를 참고하며 자신만의 상상 속 게임 지역을 구성해 보세요.

....

....

....

....

....

....

....

....

....

....

호라이즌 제로 던

이 게임의 첫 인상은 강렬합니다. 초원을 돌아다니는 동물들이 모두 기계화되어 있거든요. 반면 인간들은 원시 시대의 수렵 생활을 하고 있습니다. 게이머는 부족에서 추방된 여성 사냥꾼 에일로이의 시점에서 문명의 수수께끼를 푸는 여행을 떠나게 됩니다. 푸른 초원을 돌아다니는 기계 생명체들, 활과 화살 같은 원시적인 무기로 기계를 사냥하는 소녀. 트레일러 영상에서부터 이 독특한 세계관에 게이머들은 매료되었습니다.

이 게임에서의 세계는 두 가지입니다. 게이머가 실제 플레이하는 포스트 아포칼립스 세계, 그리고 문명이 멸망하기 전 과학이 발달했던 인류의 과거. 게이머는 포스트 아포칼립스 세계를 돌아다니며 과거 문명의 유적을 발견하게 되는데요. 아이러니하게도 우리가 일반적으로 아는 유적의 개념과 달리 오히려 주인공이 살고 있는 시대보다 더욱 발달한 장소라는 점이 놀랍습니다.

이렇게 발달한 문명이 왜 멸망하게 되었는지에 대해서는 각 지역에 전해져 내려오는 이야기나 문화에서 드러나게 되지요.

주인공은 태어났을 때부터 초원을 돌아다니는 기계 동물들을 접했겠지만 게이머인 우리에게는 이 장면 또한 이상하게 보일 텐데요. 이렇게 게이머가 주인공이 처한 상황에 의문을 갖게 만들었다는 점 또한 이 게임의 독특한 설정입니다.

정리하면 〈호라이즌 제로 던〉은 세계관을 전면에 내세우며 이를 파악해가는 과정의 시나리오를 구성했습니다. 그 과정에서 일반적으로 상상하기 힘든 기계 동물들과의 전투나 SF 느낌이 물씬 나는 고대 유적, 묘한 원시 시대 문화를 접하게 되면서 게이머와 주인공 에일로이 사이의 갭은 점점 좁혀지지요.

매력적인 세계관은 그 자체만으로도 충분한 동기 부여가 될 수 있으며, 이를 주인공과 게이머와의 인지적 거리감을 좁혀가는 방식으로 전달하고 있다는 점이 〈호라이즌 제로 던〉만의 특별한 시나리오 전개 방식일 것입니다.

스토리 면에서도, 설정 면에서도, 이를 전달하고 다루는 게임 디자인 면에서도 게임이 아니라면 따라할 수 없는 방식입니다.

캐릭터 만들기

플레이어 캐릭터 기획하기

캐릭터는 시나리오를 표현하는 데 있어 중요한 요소 중 하나입니다. 여기에서 말하는 캐릭터는 플레이어가 직접 조종하는 PCPlayer Character, 플레이어가 조작하지 않고 시스템에 의해 동작하는 NPCNon-Player Character 모두를 포함합니다. 때에 따라서는 몬스터 등도 포함하죠.

시나리오 기획자 입장에서 캐릭터 기획은 시스템이나 콘텐츠 기획자의 입장과는 다소 차이가 있습니다. 게임에 작용하는 시스템이나 플레이 친화적인 내용보다는 스토리와 설정을 중심으로 기획하기 때문이지요. 회사에서도 이를 잘 알고 있기 때문에 시나리오 기획자에게 게임 캐릭터의 기획을 맡긴다면 이는 스토리 및 설정을 중심으로 작성하라는 말과 어느 정도 상통합니다.

앞서 말한 것처럼 PC와 NPC, 이벤트 전용 캐릭터나 몬스터 등 다양한 캐릭터가 있지만 여기서는 플레이어 캐릭터PC를 다루어 보겠습니다. 게임에 등장하는 플레이어 캐릭터는 총 3가지 형태를 취합니다.

1. 플레이어 캐릭터가 곧 '나'인 경우

대다수의 MMORPG가 이 형태를 취하며 미국 RPG와 초창기의 〈드래곤 퀘스트〉 같은 일부 JRPG, FPS와 같은 일인칭 게임도 이 경우가 흔합니다. 특징은 주인공의 개성이 튀거나 돋보이면 몰입이 깨진다는 것입니다. 스토리도 캐릭터의 개성보다는 상황이나 세계관을 중심으로 전개되어야 합니다. 한국 게임 중에는 〈리니지〉, 〈로스트 아크〉 등이 있으며 〈다크소울 시리즈〉도 마찬가지입니다. 내가 이름을 짓고 외모를 커스터마이징하는 게임들이 대체로 이 형태를 취하고 있습니다.

〈스카이림〉

2. 플레이어 캐릭터가 내가 아닌 '다른 인물'인 경우

콘솔 게임과 PC 패키지 게임 대다수가 이런 방식을 취하며 이 경우 캐릭터의 개성이 돋보여야 합니다. 유명한 게임 캐릭터는 대부분 여기에 속합니다. 이런 방식의 게임에서는 캐릭터가 가장 눈에 띄어야 합니다. 스토리 역시 캐릭터를 중심으로 전개되어야 하고요. 〈파이널 판타지〉, 〈라스트 오브 어스〉, 〈스텔라 블레이드〉 등 게임 제목을 들었을 때 주인공의 모습이 떠오른다면 대체로 이 형태의 게임일 것입니다. 영화나 애니메이션 같은 느낌을 주는 게임들이지요.

〈라스트 오브 어〉

3. 플레이어 캐릭터가 '존재하지 않는' 경우

플레이어가 없을 수는 없으니 개념으로만 존재한다고 이해하세요. 전략 게임이나 경제 시뮬레이션, 스포츠, 퍼즐, 리듬 게임 등이 그렇습니다. 이 방식에서의 플레이어 캐릭터 설정은 말 그대로 개념으로만 존재하기 때문에 캐릭터 자체보다는 설정이나 세계관에 맞는 개연성이 더욱 중요합니다. 예를 들어 〈시드 마이어의 문명〉이나 〈심시티〉, 〈삼국지〉나 〈스타크래프트〉 같은 게임의 경우 게이머는 특정 캐릭터를 조작하는 것이 아닌 게임 전체를 움직이게 됩니다.

〈시드 마이어의 문명 5〉

플레이어 캐릭터 역시 몬스터처럼 기본적인 모션과 외형을 통해 시나리오적인 설정을 전달해야 합니다. 외형 기획 시에는 각각의 요소에 의도를 명확히 적어주세요. 이 캐릭터는 반바지를 입고 있다.라는 기획은 잘못된 것입니다. 활발한 성격과 소년의 이미지를 표현하기 위해 반바지를 입게 한다.가 맞는 표현입니다. 누군가에게 지시를 하는 것이 아니라 시나리오를 표현하기 위한 방식을 전달하는 것이니까요. 그래야 기획자의 의도를 표현하는 더 나은 방법을 디자이너가 발상해 낼 수도 있습니다.

플레이어 캐릭터의 스토리는 너무 깊이 서술하지 마세요. 설정이 깊고 이야기가 깊을수록 게이머는 캐릭터에 공감하기 힘들고 이는 게임의 몰입 저하로 연결될 수 있습니다. 플레이어 캐릭터는 게임의 설정과 콘셉트를 보여주기에는 좋지만 게이머와 맞닿는 중요한 부분인 만큼 조심스러운 접근이 필요합니다.

수집형 RPG 캐릭터

수집형 RPG의 캐릭터는 게이머가 직접 조작하긴 하지만 플레이어 캐릭터는 아니라는 독특한 특성이 있습니다. 게이머는 여러 캐릭터를 관리하고 다루는 관리자에 가까우며 여러 캐릭터를 조작하면서 게임을 하게 됩니다. 따라서 수집형 RPG의 캐릭터는 일반 플레이어 캐릭터의 기획과도 NPC 기획과도 차이가 있습니다. 우선 수집형 RPG의 캐릭터는 크게 3가지 형태로 분류합니다.

1. 처음부터 주어지는 캐릭터

초반 스토리를 이끌어 나가는 캐릭터입니다. 게이머에게는 주인공이나 주연급 조연으로 각인되지만 장르 특성상 특별히 강하거나 쓸모 있는 캐릭터는 아닐 가능성이 높습니다. 처음부터 주어지는 캐릭터가 너무 강하다면 게이머들은 새로운 캐릭터를 뽑기보다 이 캐릭터를 강화하는 데 집중할 테니까요. 또 누구나 이 캐릭터로 시작해야 하는데 개성이 강하면 취향에 맞는 사람도, 맞지 않는 사람도 생기겠죠? 그러므로 게임 전체 콘셉트와 이미지를 표현하면서도 무난한 수준의 캐릭터성을 부여해야 합니다. 평범하면서도 모난 데가 없어야 하지요.

결국 수집형 RPG는 캐릭터를 판매하는 게임이므로 새로운 캐릭터에 대한 욕구를 만들어 줘야 합니다. 처음부터 주어지는 캐릭터가 감성적으로나 능력적으로 너무 좋다면 게임 자체의 방향성이 애매해진다는 걸 기억해 두세요.

2. 획득 가능한 캐릭터

처음에는 가지고 있지 않지만 게임을 하면서 뽑기를 통해 얻을 수 있는 캐릭터를 말합니다. 뽑기를 하고 싶게 만들려면 캐릭터를 갖고 싶어야 하니 최대한 매력적으로 구성해야겠지요. 외형과 능력은 물론이고 스토리도 특별한 형태로 기획하여 게이머에게 갖고 싶다는 욕구를 불러일으켜야 합니다.

수집형 RPG는 초반에는 게임 자체의 특징과 매력으로 게이머에게 어필되지만 어느 정도 서비스 기간이 지난 뒤에는 신규 캐릭터가 가장 어필하는 요소임을 잊어서는 안 되겠습니다.

3. 플레이가 불가능한 캐릭터

인기가 좋으면 향후 획득 가능한 캐릭터로 업데이트되기도 하지만, 이 형태의 캐릭터들은 기본적으로 게임 플레이를 감안하지 않고 기획해도 좋습니다. 상점에서 물건을 판매하는 캐릭터들이나 일정이나 공지를 알려주는 오퍼레이터 캐릭터들이 여기에 속합니다. 대신 시나리오상의 역할이나 시스템상의 역할에 충실한 외형과 대사로 기획하면 됩니다. 처음부터 주어지는 캐릭터와 획득 가능한 캐릭터는 게임 플레이에도 신경 써야 하므로 기획하는 데 다소 제약이 있지만 플레이가 불가능한 캐릭터는 플레이에 신경 쓸 필요 없이 자유롭게 기획할 수 있다는 장점이 있습니다.

헤어와 복장으로 캐릭터 외형 설정하기

캐릭터의 외형은 어떻게 설정해야 할까요? 자유롭게 창작할 수도 있겠지만 게이머들에게 어떤 이미지로 보일지를 고려해야 합니다.

1. 헤어스타일

게이머들에게 가장 직관적으로 보이는 것 중 하나는 헤어스타일입니다. 여성 캐릭터를 기획한다고 해봅시다. 롱헤어와 숏헤어는 이미지가 어떻게 다른가요? 긴 머리를 푼 캐릭터와 포니테일로 묶은 캐릭터는 분위기에 차이가 있을까요? 스킨헤드, 레게 머리, 생머리, 곱슬머리의 여성 캐릭터를 비교해 봅시다. 여기에서 느껴지는 이미지는 사람에 따라 차이는 있겠지만 기획하는 입장에서는 비슷할 것입니다. 짧은 머리 캐릭터가 긴 머리 캐릭터보다 활동적으로 보일 테고 포니테일보다는 트윈테일의 캐릭터가 더 어리고 귀여운 느낌을 주겠죠.

위 이미지는 AI를 사용해서 하나의 캐릭터에 다양한 헤어스타일을 적용해 본 것입니다. 어떤가요? 완전히 다른 캐릭터처럼 보이죠? 게임은 다양한 뷰를 가지고 있지만 헤어스타일은 캐릭터를 멀리서 보는 게임에서도, 가까이에서 보는 게임에서도 가장 먼저 눈에 띄는 부분입니다. 그래서 사람들이 생각하는 전형적인 이미지에 집중할 필요가 있습니다.

2. 헤어컬러

헤어컬러도 마찬가지입니다. 노란색 머리와 검은색 머리는 느낌은 무엇이 다른가요? 검은색은 상대적으로 차분하고 미스터리한 느낌을 줄 것이고 노란색은 밝고 외향적인 느낌을 줄 것입니다. 푸른색 머리는 어떤가요? 핑크색 머리는요? 역시 색상에 따라 전혀 다른 느낌을 주지 않나요? 캐릭터의 활용과 시나리오상의 배치, 혹은 성격에 따라 그에 어울리는 머리 색을 지정함으로써 어떤 이미지의 캐릭터인지를 미리 알릴 수 있습니다. 그러므로 헤어컬러를 정하는 것도 가볍게 할 일은 아니지요.

3. 복장

캐릭터의 외형에 있어 헤어스타일과 헤어컬러만큼 중요한 것이 복장입니다. 복장만큼 캐릭터의 정체성을 잘 보여주는 것도 없으니까요. 철로 된 갑옷을 입은 캐릭터라면 강인한 전사 같을 텐데요. 여기서도 도끼를 들고 있는 것과 검과 방패를 들고 있는 것에 따라 상상되는 직업이 다릅니다.

로브를 입고 지팡이를 들고 있다면 마법사라고 추측할 거고, 날렵한 옷차림에 단검을 들고 있다면 시프(도적)나 암살자로 보이겠지요. 여성 캐릭터라면 같은 직업이라도 치마를 입은 것과 바지를 입은 것, 반바지를 입은 것에 따라 이미지가 크게 달라집니다.

예전 게임은 복장이 헤어스타일보다 중요했던 터라 〈파이널 판타지〉 시리즈의 고전 작품들을 보면 잡 체인지를 할 때 복장을 중심으로 이미지를 변화하곤 했습니다. 하지만 캐릭터의 복장을 게이머가 갈아입힐 수 있게 되면서부터 최근에는 복장보다 헤어가 더 중요한 게임이 생겨나고 있습니다.

4. 포인트 컬러

헤어와 복장 다음으로 중요한 것 외형 요소입니다. 포인트 컬러는 해당 캐릭터의 상징이며 게임상에서 뷰가 아무리 멀리 있어도 눈에 띕니다. 예를 들어 배트맨의 포인트 컬러는 검은색이고, 캡틴 아메리카는 파란색, 스파이더맨은 빨간색입니다. 이처럼 포인트 컬러는 그 자체만으로도 캐릭터의 이미지를 고착시킵니다. 5명이 팀을 이룬다면 그중에서 리더는 레드 컬러라고 생각할 거예요. 만약 다른 컬러를 리더로 배치한다면 머지않아 리더가 바뀔 거라 예상하지요. 이처럼 색에 대한 고정 관념은 강합니다.

이를 잘 활용한 예가 〈닌자거북이〉인데요. 4마리의 돌연변이 거북이는 모두 똑같이 생겼습니다. 다른 점이 있다면 눈 부위에 있는 띠의 색상뿐이죠. 4가지 색상으로 캐릭터의 이미지를 정한 겁니다.

이는 게임에서도 동일하게 적용할 수 있습니다. 색만 다른 똑같은 몬스터가 3마리 있다고 생각해 봅시다. 붉은색, 녹색, 파란색입니다. 게이머들은 어떤 생각을 할까요? 붉은색 몬스터가 더 강하다고 생각할 수도 있고, 아니면 붉은색 몬스터는 불 속성이고 파란색 몬스터는 물 속성이라고 생각할 수도 있습니다. 녹색 몬스터는 중독 속성을 가진 몬스터라고 생각할지도 모르겠네요. 이처럼 색상은 게이머에게 많은 정보를 줍니다. 그러니 포인트 컬러를 지정하는 것도 가벼이 여기면 안 되겠습니다.

---

5. 소품 등

마지막으로 캐릭터 외형에서 신경 쓸 요소는 소품 등의 포인트입니다. 안경 쓴 캐릭터와 쓰지 않은 캐릭터의 이미지는 무엇이 다른가요? 일반적으로 안경 쓴 캐릭터는 머리가 좋다고 느끼게 됩니다. 일반적인 지식이 아닌 계략을 의미하기도 하지요.

리본을 달고 있다면 어떤가요? 귀여운 성격이지 않을까요? 얼굴에 상처가 있다면 거친 느낌을, 타투가 있다면 그 형태에 따라 역시 다양한 느낌을 줄 수 있습니다. 모자나 망토도 형태에 따라 느낌이 매우 다르므로 캐릭터의 외형을 기획할 때는 어떻게 꾸며야 효과적으로 게이머에게 이미지를 전달할지 깊이 고민해 보세요.

캐릭터의 외형은 역할을 나타낸다

옆 페이지에 있는 3명의 캐릭터를 봅시다. 왼쪽 캐릭터의 직업은 무엇일까요? 성격은 어때 보이나요? 머리에 쓰고 있는 모자는 마치 광대 모자처럼 보입니다. 턱수염이 있는 것으로 보아 어린 나이는 아닌 것 같네요. 상의 위에 빨간 스카프를 두르고 벨트가 있는 가방을 대각선으로 매고 있습니다. 화려한 것보다 안정적인 걸 선호하는 조

심스러운 성격으로 보입니다.

가운데 캐릭터는 두건을 쓰고 있고 흰 수염을 길게 늘어뜨리고 있습니다. 복장을 보니 무기나 도구를 많이 사용하는 직업 같습니다. 두건과 장갑을 낀 것으로 보아 얼핏 대장장이처럼 보이기도 하고, 당당한 포즈를 취한 걸 보니 성격이 강할 것 같습니다.

오른쪽 캐릭터는 여성입니다. 어깨 정도의 머리 길이에 목걸이를 찬 걸 보니 적당한 여성성을 지니고는 있으나 반팔 자켓 차림은 왠지 활동적인 일을 하는 듯한 인상을 풍깁니다. 그렇다고 섬세한 작업은 아닌 것 같아요. 장갑을 끼고 있으니까요.

자, 어떻습니까? 셜록 홈즈처럼 캐릭터 외형을 보고 많은 것을 유추했죠? 캐릭터의 외형으로 무엇인가를 전달한다는 것은 제가 지금 설명한 것과 정반대의 과정을 거치면 됩니다. 게이머가 이 캐릭터를 봤을 때 어떤 점을 추측할지를 생각해서 그대로 디자인하면 되는 것이지요.

현실에서는 직접 이야기를 나눠 보기 전에는 그 사람이 어떤 일을 하는지 알기 어렵지만, 게임에서는 첫눈에 어떤 역할을 하는지 알아보도록 하는 것이 중요합니다. 그래야 게임을 원활히 플레이할 수 있거든요. 즉 게임에서 캐릭터의 외형은 필요에 의해, 역할에 의해, 인지를 위해 정해져야 합니다. 마법을 파는 마법사가 덩치 큰 대머리에 철퇴를 휘두르고 있다면 게이머들은 마법사를 찾기 위해 주변을 계속 헤맬지 모릅니다. 누군가는 게시판에 글을 올리거나 버그라고 신고할 수도 있어요. "마법사가 이 마을에 스폰되지 않은 것 같아요!"라고요.

캐릭터의 외형에 기획 의도를 담는다

캐릭터 기획은 어느 직군에서 담당하는지에 따라 방향성이 다소 다를 수 있습니다. 이 책은 '시나리오 기획'을 다루고 있으므로 시나리오 기획자 입장에서 바라보는 캐릭터 기획에 관해 다룹니다. 다른 직군과는 시야가 다를 수 있음을 인지하고 읽어주면 감사하겠습니다.

캐릭터 기획 중 외형은 어떻게 정하는 것이 좋을까요? 금발에 파란 눈을 하고 황금 갑옷을 입은 기사를 설정한다고 가정해 봅시다. 시나리오 기획자가 정한 캐릭터 설정은 원화가에게로 넘어가 그림이 되고, 이를 바탕으로 리소스 작업이 이루어질 것입니다. 자, 그런데 원화가가 샘플을 그려보고 질문합니다.

"왜 금발에 황금빛 갑옷인가요? 황금빛이 튀어 보이지 않는 것 같아요."

아마도 원화가는 '황금빛 갑옷'을 화려하고 멋지고 멀리서도 잘 보이기 위한 의도를 담은 것이라고 생각한 듯합니다. 여기서 무엇이 문제가 보이지 않습니까?

게임 기획자가 하는 모든 일에는 의도가 있어야 합니다. 금발로 지정하는 이유, 황금 갑옷을 입는 목적이 있어야 하지요. 왜냐하면 기획자는 결정하는 사람이 아니거든요.

의도를 표현하는 방법은 수십 가지가 있습니다. 그중에 캐릭터의 외형으로 표현하는 방법도 있습니다. 캐릭터의 성격이나 설정, 게임 안에서의 활용이나 상황 등은 그래픽으로 표현되는 경우가 많습니다. 하지만 시각적인 표현의 전문가는 여러분이 아닌 아트 팀일 가능성이 높죠.

그래서 캐릭터 기획의 외형은 단정이 아닌 제안이어야 하며 그것도 의도를 충실히 담은 제안이어야 하는 것입니다. 아트 팀에게 의도를 전달할 수 있다면 게이머에게도 같은 의도로 전달될 수 있을 테니까요. 간단한 예를 들어 보겠습니다.

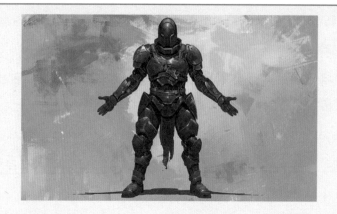

• 전신에 갑옷을 두르고 있다. → 탱커 역할을 하는 캐릭터임을 표현

• 갑옷의 색상은 검은색 → 진중하고 무거운 느낌을 준다.

• 팔에 붉은색 라인 → 광전사 모드 공격력이 상승하는 특징 표현

이처럼 각각의 항목마다 의도를 적어두는 것입니다. 이렇게 해도 아트 팀에서 여러 의견이 나올 수 있습니다.

• 전신 갑옷은 탱커 느낌도 있지만 느리고 무거워 보인다.

ㄴ, 방패나 근육으로 표현하는 건 어떨까?

• 검은 갑옷은 어두운 배경에서 캐릭터가 안 보일 수 있다.

ㄴ, 검은색이 아닌 대안, 혹은 캐릭터가 부각될 수 있는 대안은 없을까?

• 공격력 상승을 위한 붉은색 라인 표시

ㄴ, 게임의 뷰가 멀기 때문에 게이머들에게 잘 인식되지 않을 것 같다.

의도가 전달되면 이런 의견들이 오가며 캐릭터 조형이 점점 완성되어 갑니다. 많은 시나리오 담당자가 자신의 상상 속에 있는 캐릭터를 게임에 넣는다고 생각하지만, 실제로는 이처럼 의도와 활용에 맞는 캐릭터를 함께 창작해 갑니다. 그래서 게임 기획자의 모든 창작은 의도와 명분이 충분해야 하며 이를 위해 자기 의견보다 나은 타인의 의견을 받아들일 수 있어야 하는 것입니다.

외형 기획을 위해 가장 필요한 것은 콘텐츠 경험

결국 캐릭터의 외형 기획을 하려면 헤어스타일이나 컬러, 복장과 소품, 포인트 컬러에 이르기까지 게이머들이 어떻게 보고 느낄지를 아는 것이 중요합니다. 그렇다면 우리는 이를 어떻게 알 수 있을까요? 어딘가에 정리해 둔 교과서가 있을까요? 그렇지 않습니다. 만약 정리되어 있더라도 유효 기간이 짧겠죠. 트렌드는 계속 변화하고 사람들의 인식도 달라지니까요.

앞서 5명의 캐릭터가 모이면 레드 컬러를 한 사람이 리더라는 인식이 있다고 했죠? 이는 〈후레쉬맨〉 같은 초창기 전대물에서부터 이어져 내려온 거라 쉽게 바뀌지 않겠지만 대다수의 이미지는 유행에 따라 변합니다. 따라서 외형 기획을 잘하려면 끊임없이 새로운 콘텐츠를 연구하고 감상하며 이해를 넓혀가는 것이 중요합니다.

그렇다면 어떤 콘텐츠를 경험하는 것이 좋을까요? 대중적으로 인기 있는 콘텐츠를 위주로 경험하는 것이 효율적입니다. 게임과 밀접한 콘텐츠인 영화, 웹툰, 애니메이션, 드라마 등 시청각 매체도 좋고 밈을 통해 경험하는 것도 괜찮습니다. 이를 위해 온라인 커뮤니티나 SNS 활동을 적극적으로 하길 권합니다.

지켜보고 판단하는 것으로는 알 수 없는 것들이 있습니다. 그 안에서 반응을 직접 느껴야 와닿는 부분도 있습니다. 특히 외형적인 부분은 국가나 문화권별로 선호하는 형태가 다르므로 가급적 시야를 넓히는 것이 좋습니다.

PRACTICE

캐릭터를 기획해 봅시다.

1. 우선 어떤 플랫폼과 장르로 할지 정해 보세요.

....

....

....

2. 캐릭터의 기획 의도를 정해 봅시다.

....

....

....

....

3. 기획 의도를 고려해서 외모를 설정해 봅시다.

....
....
....
....
....
....
....
....

캐릭터 성격 표현하기

게임 캐릭터의 성격은 어떻게 표현할 수 있을까요? 가장 쉬운 것은 외형적인 모습일 것이고 그다음은 캐릭터의 동작과 표정, 부가적으로는 이펙트, 마지막으로 대사일 것입니다. 상황이나 내러티브를 통해 표현할 수도 있겠지만 이는 연출의 영역이므로 여기서는 외형, 동작, 표정, 이펙트, 대사 이렇게 5가지를 중심으로 살펴보겠습니다.

1. 외형으로 성격 표현하기

외형은 가장 직관적으로 인물을 표현하는 방법입니다. 얼굴 생김새뿐 아니라 키와 덩치, 헤어스타일, 입고 있는 옷 등을 모두 포함합니다. 어떤 캐릭터가 밝고 화사한 옷을 입고 있다면 외향적이고 선한 성격으로 여겨지고, 어두운 색의 심플한 옷을 입고 있다면 내성적이거나 신중한 성격으로 여겨질 확률이 높습니다. 대형 검을 들고 있다면 공격적인 느낌을 주며 도끼를 들고 있으면 야만적인 느낌을 줄 것입니다.

여기저기 찢기고 헤진 옷을 입고 얼굴에 상처가 있다면 어떨까요? 단정하게 올린 머리에 화려한 드레스를 입고 양손을 앞으로 모으고 있는 여성 캐릭터는요? 넝마를 입고 후드로 얼굴을 가린 노파는 어떤 느낌인가요? 외형만으로도 성격을 다양하게 보여줄 수 있다는 걸 이해할 수 있겠죠? (이 부분은 '캐릭터의 원형과 다양한 캐릭터 구성하기'(185쪽 참조)에서 다시 한번 다루도록 하겠습니다.)

2. 동작으로 성격 표현하기

캐릭터의 동작motion으로도 성격이 표현된다는 건 대부분이 동의할 겁니다. 걷는 장면을 상상해 봅시다. 가슴을 펴고 등을 꼿꼿하게 세워 큰 걸음으로 걷는 인물과 어깨를 늘어뜨리고 머리를 숙인 채 작은 보폭으로 걷는 인물이 있습니다. 춤을 추듯 깡충거리며 양팔을 앞뒤로 크게 흔드는 인물도 있고요. 걷는 모습만 보고도 성격을 구분할 수 있겠지요?

총을 쏘는 동작에서도 양손으로 잡고 쏘는 것과 한 손으로 쏘는 것은 느낌이 매우 다릅니다. 한 손으로 쏠 때도 상대를 정면으로 대치하고 쏘는 것과 비스듬하게 대각선 방향에서 서서 쏘는 것은 느낌이 또 다르지요. 모든 동작 하나하나가 캐릭터의 성격에 따라 달라질 수 있습니다.

3. 표정으로 성격 표현하기

표정으로 성격을 표현하기 전에 우선 어떤 표정으로 나눌지부터 정해야 합니다. 게임에 따라서는 캐릭터당 표정 수가 정해져 있는데요. 만약 5개의 표정을 정할 수 있다고 할 때 어떤 표정을 배치할지에 따라 해당 캐릭터가 주로 표현하는 감정이 정해지기 때문입니다. 화내는 표정이 없는 캐릭터가 나올 수도 있고 웃는 표정이 없는 캐릭터를 만들 수도 있습니다. 웃음만 5단계로 만들 수도 있겠죠.

때로는 표정 구성이 동일한 게임도 있습니다. 모든 캐릭터가 웃는 표정, 슬픈 표정, 화내는 표정 등 항목이 고정된 경우죠. 하지만 똑같이 슬픈 표정이라고 해도 어떤 캐릭터는 눈물을 펑펑 흘릴 것이고 또 어떤 캐릭터는 얼굴이 살짝 굳는 정도이거나 눈물이 글썽이는 정도로 표정을 만들 수 있습니다. 같은 감정을 어떻게 표현하는지 역시 캐릭터의 성격을 표현하는 방법입니다.

4. 이펙트로 성격 표현하기

이펙트로 성격을 표현한다는 말이 잘 와닿지 않을 수 있습니다. 간단한 예를 들어 볼게요. 화를 내는 두 캐릭터가 있습니다. 둘 다 같은 외형에 같은 동작, 같은 표정을 취하고 있습니다. 이 중 한 캐릭터의 몸에 불타오르는 이펙트를 붙이면 어떨까요? 엄청난 분노가 느껴질 것입니다. 또 다른 예로 똑같은 모습에 같은 동작을 하면서 웃는 캐릭터가 둘 있습니다. 한 캐릭터의 얼굴 주변에는 꽃이 피는 이펙트를 달아주고 다른 캐릭터의 얼굴 주변에는 소리가 퍼지는 듯한 이펙트를 달아줍니다. 두 캐릭터의 웃음은 다르게 느껴지겠죠?

이처럼 모든 게 동일한 상황에서 이펙트는 캐릭터의 성격을 보여줄 수 있습니다. 표정 위주로 이야기했지만 동작에서도 마찬가지입니다. 걷는 장면에서 발이 지면에 닿을 때의 이펙트를 두 가지로 상상해 봅시다. 한 캐릭터는 지면에 닿을 때마다 흙먼지가 올라오고 바닥에 타격 이펙트가 출력됩니다. 다른 캐릭터는 지면에 닿을 때 물위에 파문이 생기는 것 같은 이펙트가 부드럽게 생겼다가 사라집니다. 놀랍게도 이펙트만으로 두 캐릭터의 걸음걸이가 전혀 다르게 느껴질 것입니다. 전자는 무겁고 힘차게 내디딘다면, 후자는 가볍게 통통 튀는 느낌이지요.

5. 대사로 성격 표현하기

위의 4가지가 시각적인 요소로 캐릭터의 성격을 표현하는 것이라면 대사는 이성적으로 캐릭터를 이해하게 해줍니다. 글은 머리로 해석하는 단계를 거치기 때문입니다.

모든 캐릭터는 텍스트로 말을 합니다. 음성이 추가되는 게임도 있긴 하지만 이는 선택적이기도 하고 게이머들은 대개 음성을 스킵하며 텍스트로 빠르게 정보를 얻곤 합니다.

그렇다면 누구에게나 비슷하게 보이는 텍스트 대사로 어떻게 캐릭터의 성격을 담아낼 수 있을까요? 다음의 내용을 보겠습니다.

> A: 이 편지를 전달해 줘!
>
> B: 이 편지를 전달해 주세요.
>
> C: 이 편지를 전달해 주지 않겠소?

위 세 개의 대사는 어미만 다릅니다. 그런데도 서로 다른 사람으로 느껴지지 않나요? A는 무례하거나 철이 없어 보입니다. 강압적이지는 않습니다. 강압적으로 표현하려면 이 편지를 전달해라! 혹은 이 편지를 전달해!로 끝났겠지요. '전달해'와 '전달해라'와 '전달해 줘'만으로도 느낌이 꽤 다르지요? B는 존댓말을 사용해 예의 있고 공손해 보입니다. 만약 전달해 주십시오.라고 한다면 조금 더 남성적인 느낌을 줄 수도 있을 겁니다. '~소'로 어미를 끝낸 C는 나이 든 중년 느낌이 납니다. '~소이까?'로 바뀌면 사극 같겠죠?

그렇다면 어미를 통해서만 성격이 드러날까요? 그렇지는 않습니다. 또 다른 예시를 봅시다.

> A : 안녕하세요.
>
> B : 안녕하세요…
>
> C : 안녕하세요!
>
> D : 안녕하세요?

문장 부호만 바꿔보았습니다. 어떤가요? B는 어딘지 힘이 없어 보입니다. 내성적으로 느껴지기도 하고요. 반면 C는 활기차 보입니다. 신나는 일이 있는 것 같기도 합니다. D는 어떤가요?

이번에도 문장 부호를 조금 다르게 사용해 보겠습니다.

A : 안녕…하세요…

B : ………안녕하세요.

C : 안녕하…세요.

D : 안…녕…하…세…요…

모두 말 줄임표를 사용했지만 느낌이 전혀 다르죠? A는 주저하면서 인사를 합니다. 어딘지 소극적이고 살짝 겁을 먹은 것 같기도 합니다. B는 인사를 하기 전에 한참 뜸을 들입니다. 무언가 결심할 시간이 필요한 걸까요? C는 인사를 하는 것에는 주저함이 없지만 존댓말을 할지 반말로 할지 고민하는 것처럼 중간을 끊니다. D는 한 글자 한 글자를 내뱉기 힘든 것 같습니다. 이들의 성격은 어때 보이나요? 가장 신중한 사람은? 가장 소극적인 사람은? 다른 사람의 눈치를 보는 사람은 누구일까요? 재밌게도 이 모든 질문에 대부분의 사람이 비슷한 답을 말한다는 것입니다.

이 외에 대사를 통해 개성을 담고 싶다면 말버릇을 넣어도 됩니다. 특정한 문구를 자주 말한다거나 자신 있는 상황과 자신 없는 상황에 따라 극단적으로 텐션이 달라진다거나 긴장하면 말을 더듬는 등의 버릇을 넣어도 좋습니다. 이렇게 다양한 형태를 통해서 텍스트로도 캐릭터의 성격을 표현할 수 있습니다.

평면적인 캐릭터 만들기

캐릭터 설정이나 작법, 조형론에 관한 책이나 자료를 보면 입체적인 캐릭터를 만들어야 한다는 말이 나옵니다. 게임에서도 입체적인 캐릭터를 만들어야 할까요? 네, 그렇습니다. 하지만 게임에서는 평면적인 캐릭터가 훨씬 많습니다. 게임 캐릭터 중 상황에 따라 성격을 세밀하게 표현해야 하는 인물은 주인공이나 조연급 캐릭터 몇몇에 지나지 않습니다. 이들은 상황에 따라 여러 모습을 보여주면서 게이머들에게 어필해야 하죠.

무엇을 어필하냐고요? 장르에 따라 다르지만 상품성을 어필할 수도 있고 공감을 유도할 수도 있습니다. 혹은 캐릭터의 상황에 대한 이해를 전달해야 할 수도 있지요. 중요한 것은 게임에서도 이런 입체적인 캐릭터가 필요하며 게임의 중심을 차지한다는 점입니다.

하지만 게임에서는 평면적인 캐릭터를 만들어야 하는 경우도 많습니다. 입체적인 인물이 많아지면 게임의 집중도가 낮아지거든요. 당장 게임을 플레이하고 싶은데 기억하고 이해해야 할 것이 많으면 머리가 아프죠.

게임에 등장하는 많은 캐릭터를 생각해보세요. 상점에서 물건을 파는 캐릭터가 입체적이어야 할까요? 마을 입구를 지키고 있는 경비병은요? 시장에서 물건을 구경하는 행동만 반복하는 캐릭터가 굳이 입체적일 필요가 있나요? 이처럼 활용이 명확한 캐릭터들은 입체적인 설정이 불필요합니다. 그 캐릭터는 단지 역할로 인식될 뿐이니까요.

여기에서 또 다른 생각이 들 수 있습니다. 단순히 역할로 인식된다면 평면적인 캐릭터 설정을 꼭 해야 하는가 하는 거지요. 하지만 캐릭터로 인지되지 못한다면 해당 위치에서 특정 역할을 하는 로봇이나 자판기처럼 인식될 수 있습니다. 그러면 마을의 생명력이 느껴질 수 없겠죠. 그래서 역할이 주어진 모든 캐릭터에는 설정이 들어갈 필요가 있는 것입니다. 외형부터 대사까지 모두 말이지요.

게다가 이런 평면적인 인물은 게임의 생명력을 더하는 측면으로만 활용되는 것이 아닙니다. 평면적인 캐릭터가 많을수록 입체적인 캐릭터에 집중하게 되기 때문이죠.

그렇다면 평면적인 캐릭터는 어떻게 만들어야 할까요? 복잡한 설정까지 할 필요는 없습니다. 다른 캐릭터들과의 조합을 생각할 필요도 없어요. 이 캐릭터는 주어진 역할만 하는 것이니까요. 따라서 외형은 역할을 최대한 쉽게 인지할 수 있도록 디자인하고, 성격은 우리가 대체로 알고 있는 성격 분류 기준에서 정합니다. MBTI를 기준으로 삼는다면 16개의 성격을 만들 수 있을 거고, 혈액형을 기준으로 하면 4개, 별자리라면 12개의 성격을 만들 수 있겠네요. 성격 분류 기준을 이용하는 것은 쉽게 작업할 수 있다는 점 외에 캐릭터의 성격에 극단적인 개성을 부여할 수 있다는 장점이 있습니다. 깊이 고민하고 파고들 필요가 없습니다. 적당한 성격 검사 기준을 정해 그대로 만드세요. 역할로만 인지되는 캐릭터는 이 정도만으로도 충분히 성격 조형이 가능합니다.

캐릭터의 원형과 다양한 캐릭터 구성하기

카를 구스타프 융의 이론 중 '원형'이라는 것이 있습니다. 원형을 풀이하자면 '인류가 공유하는 고대 인격의 패턴'이라고 할 수 있습니다. 예를 들어 '왕자' 하면 어떤 이미지가 떠오르나요? '공주'나 '마녀'는요? '계모'도 마찬가지죠. 대부분의 사람은 이런 단어를 들으면 비슷한 분위기의 인물을 떠올립니다.

캐릭터 원형은 보편적이어서 성격이나 역할을 구성하기에 적절합니다. '만화 주인공 타입'이라거나 '흑막 타입' 등으로 표현할 수도 있죠. 아무튼 최초의 원형을 살펴보면 다음과 같습니다.

> 현자, 탐험가, 반항아, 마법사, 영웅, 연인, 광대, 순수한 사람,
>
> 돌보는 사람, 지배자, 창조자, 순결한 사람, 고아

어떤가요? 각 단어에서 느껴지는 게 있나요? 떠오른 이미지가 다른 사람들과 비슷한가요? 물론 카를 구스타프 융의 원형 이론은 너

무 오래되어 그가 말한 모든 원형을 지금 적용하기에는 맞지 않는 면도 있습니다. 그렇다면 현재는 어떤 원형을 사용하면 좋을까요?

게임 시나리오 기획자들은 다양한 캐릭터를 만들어야 하고 게이머들에게 명확하게 와닿게 해야 합니다. 앞서 말한 평면적인 캐릭터는 별개로 두고 말이죠. 어떻게 캐릭터를 만들어야 할지 고민된다면 아주 쉬운 방법이 있습니다. 실제로 많은 교육기관에서 사용하는 방법이기도 합니다. 바로 성격 검사나 성격 분류를 활용하는 것입니다.

16명의 캐릭터를 제작해야 한다면 MBTI를 활용하면 됩니다. 요즘 가장 많이 회자되는 형태죠. 12명의 캐릭터를 제작해야 한다면 별자리 성격을 활용하면 되고, 9명이나 18명을 만들어야 한다면 애니어그램을 활용하면 좋습니다. 4명이면 혈액형 성격 분류를 사용해도 좋겠지요.

가이드에 따라 각각의 성격 유형에 맞추어 캐릭터를 조형하는 경우의 장점은 또 있습니다. 시나리오를 쓰고 게임을 업데이트하는 과정에서 캐릭터의 성격이 엇나갈 위험이 줄어든다는 점입니다. 영화나 소설 같은 콘텐츠라면 상황이나 서사에 따라 캐릭터의 성격이 변화할 수 있습니다. 캐릭터보다 이야기가 우선되는 장르니까요.

하지만 게임은 캐릭터 수집형 게임은 말할 것도 없고 스토리가 중요한 RPG도 캐릭터성을 중시하고 있습니다. 게임에서 캐릭터 성격을 변화하게 하는 건 좋은 선택이 아닙니다. 특별한 한두 명이라면 모르겠지만 그 이상이 되면 게이머들이 바라보는 원형이 깨지고 이는 캐릭터성이 붕괴한다는 신호로 받아들일 수 있습니다.

아무리 훌륭한 작가라도 이야기가 끝없이 이어지고 인물이 점점 늘어나면 캐릭터가 섞일 위험이 있습니다. 특히 한국 게임의 대다수인 서비스형 게임이라면 더욱 그렇습니다. 이때 명확한 성격 가이드가 있다면 체크하기도 편하고 작성하는 데도 기준이 됩니다. 개인적으로 추천하는 것은 '빅 파이브'라는 기법인데요. 캐릭터를 확장하기에 유용하기 때문에 별도로 소개해 봅니다.

빅 파이브로 캐릭터 확장하기

빅 파이브는 1950년 미국 공군에서 신병의 성적을 예측하면서 고안된 심리 특성 분석 도구입니다. 이름처럼 성격 특성을 정열성, 우호성, 신경성, 안정성, 교양이라는 다섯 그룹으로 분류하고 있습니다. 이 5가지는 정도가 다를 뿐 모든 사람이 보유하는 특징입니다. 정열성과 우호성이 강하지만 신경질적이고 정서적으로 불안하며 교양이 없는 사람도 있을 것이고, 다른 4가지는 부족하지만 교양만 높은 사람도 있을 것입니다. 캐릭터 성격으로 볼 때는 한두 가지에서 극단화를 보일 때가 눈에 띌 것입니다.

빅 파이브의 또 다른 특징은 5가지 성격 특성에서 끝나는 것이 아니라 각각의 특성 안에서 세분화가 다시 이루어진다는 점입니다. 하나씩 알아보겠습니다.

1. 외향성

똑같이 외향적인 인물이라도 서로 다른 외향성을 가질 수 있습니다. 따뜻한 외향성, 사교적인 외향성, 자기주장이 강한 외향성, 활동적 외향성, 자극 탐색적 외향성, 긍정적 외향성. 이 6가지 중 한 가지를 갖는 것이 아니라 각각의 요소가 점수로 이루어져 있다고 이해하면 됩니다.

2. 우호성

우호성도 6가지로 나뉩니다. 신뢰로 인한 우호성, 솔직한 우호성, 이타적 우호성, 순응적(협조적) 우호성, 겸손한 우호성, 온유한 우호성입니다. 어떤 이유로 우호적인지, 어떻게 우호적인지 캐릭터를 분류하면 게임의 가치 기준을 보여줄 수 있습니다.

3. 신경성

빅 파이브 중 유일한 마이너스적인 성격 요소입니다. 부정적인 감정들을 담고 있으며 이 역시 불안, 적대, 우울, 자의식, 충동, 취약성 6가지로 분류됩니다. 누구나 갖고 있지만 어느 정도의 수치를 가지는지에 따라 특징이 달라지고, 각 수치는 0이거나 마이너스일 수 있습니다. 예를 들어 충동이 마이너스 수치라면 과도하게 자신을 억누르는 타입이 될 것이고, 불안이 마이너스 수치라면 과도한 낙관으로 보일 수 있겠지요.

4. 성실성

유능성, 질서, 의무감, 성취 노력, 자제력, 신중함으로 분류됩니다. 캐릭터가 성실한 이유가 무엇인지에 따른 분류죠. 의무감 때문에 오는 성실함인지, 성취를 위한 노력에서 오는 성실함인지 등에 따라 확실히 다른 느낌을 받을 수 있습니다.

5. 개방성

공상, 미의식, 감정, 행동, 사고, 가치 기준으로 나뉩니다. 이 역시 마이너스 수치로 나타낼 수 있으며 여러 가지가 동시에 적용될 수 있습니다. 개방성은 해석할 여지가 많은 부분이지만 창작에 있어 얽매일 필요는 없습니다. 단어에서 오는 느낌을 자의적으로 해석해도 됩니다.

이처럼 빅 파이브는 성격을 크게 5가지로 나누고 각각의 성격 특성을 6가지로 세부 분류합니다. 총 30가지 기준으로 인물을 설정하는 기법이지요. 이 정도 기준이면 인물의 성격이 겹치지 않게 만들 수 있겠죠? 저는 어떤 이론이라도 이를 그대로 따라 만드는 것은 추천하지 않습니다. 빅 파이브도 마찬가지입니다. 그보다는 캐릭터를 만드는 과정에서 성격이 겹치거나 바뀌지 않도록 하는 도구로 사용하는 것이 쓸모 있다고 생각합니다. 익숙하지 않은 성격 분류 기법이기는 하지만 MBTI나 별자리, 혈액형보다 확장성이 좋으므로 유용할 것입니다.

PRACTICE

앞의 연습 문제에 이어서 캐릭터를 하나 기획해 봅시다. 외모까지 설정

한 캐릭터가 있다면,

 4. 캐릭터의 성격을 기술해 봅시다. 글로 써보세요.

....

....

....

....

....

....

5. 정해둔 성격을 모션과 표정, 대사로 표현해 봅니다.

....

....

....

....

....

....

....

....

캐릭터 조형, 커스터마이징이 있는 게임들

캐릭터의 외형 전체가 커스터마이징되는 게임들이 있습니다. 주로 MMORPG 게임을 비롯해 나의 아바타로 타인과 교류하는 게임들이 그렇습니다. 이런 게임들은 캐릭터 기획이 존재하지 않을까요? 그렇게 생각된다면 초기 커스터마이징이 자유로운 게임 두어 개를 선정해 봅시다. 그리고 가급적 비슷한 외형으로 캐릭터를 제작해서 게임을 플레이해 보세요. 이 두 캐릭터가 동일하게 느껴지나요? 전혀 그렇지 않을 겁니다. 같은 장르의 시리즈 게임이라고 해도 각각의 게임에서 캐릭터는 다른 느낌으로 인식됩니다. 어떤 점이 다를까요?

캐릭터는 게이머와 게임을 연결하는 중요한 매개체라서 게임의 콘셉트나 시스템, 방향성이 녹아 있습니다. 일단 조작이 다르고 할 수 있는 행동도 다르게 지정되어 있죠. 모션이 다르고 능력 수치도 다릅니다. 이걸 좀 더 쉽게 정의해 보자면 게임에서 캐릭터에 부여한 '역할'이 다릅니다. 그리고 게이머가 게임을 할 때 갖는 '느낌'도 다르지요. 그렇다면 시나리오 기획자들이 커스터마이징이 다양한 게임을 기획해야 한다면 어떤 부분을 중점으로 살펴야 할까요? 네, 그렇습니다. 게임에서의 역할과 전달하려는 느낌을 기획해야 합니다.

사실 이것이 캐릭터 기획의 정석입니다. 앞서 말한 외형과 성격, 대사가 있는 캐릭터를 기획하는 것 역시 핵심은 '역할'과 '느낌'에 있습니다. 커스터마이징이 큰 게임들은 이 핵심만 남고 나머지는 자유롭게 게이머에게 맡겨 버린다고 생각하면 됩니다.

게임에 따라서는 '역할'과 '느낌'을 직업이나 종족으로 표현합니다. 디테일한 외형을 기획할 수는 없지만 대표적인 외형이나 해당 종족/직업의 공통적인 외형을 기획하는 것은 가능하니까요. 가령 엘프는 귀가 뾰족하고 마른 체형, 드워프는 팔다리가 짧고 수염이 있는 직업이라는 수준으로 설정 규칙을 만드는 겁니다. 처음부터 이런 방법으로 접근하기는 힘들 수 있으므로 우선 커스터마이징이 없는 캐릭터를 기획해 보면서 각 캐릭터의 역할과 게이머에게 전달하려는 느낌을 표현해 보기를 권합니다.

스킬 만들기

캐릭터는 게임에서 가장 중요한 요소이고 스킬은 캐릭터 조형의 핵심입니다. 물론 게임에 따라서는 캐릭터보다 설정, 스토리, 외형이 중요한 경우도 많습니다. 하지만 한국 게임은 대체로 스킬 중심으로 캐릭터가 다루어지고 있고, 이는 수집형 RPG가 나온 이후 더욱 집중되는 추세입니다.

스킬은 다른 요소들에 비해 더 많은 직군이 관여됩니다. 대충 생각해 봐도 시스템 기획자가 필요하고 애니메이션과 이펙트도 필요합니다. 스킬 종류에 따라서는 추가 UI가 필요할 수도 있고 사운드와 클라이언트와 서버 프로그래머도 스킬 제작에 투입됩니다. 스킬 강화와 업그레이드까지 더해진다면 밸런스 기획과 심지어 BM과도

엮일 수 있습니다. 즉 스킬 기획은 다양한 직군에서 이루어집니다. 회사에 따라서는 시나리오 기획자가 아닌 전투 기획자가 스킬 콘셉트를 잡은 후에 시나리오 기획자가 설정을 붙이기도 합니다. 이 모든 내용을 다룰 수는 없으므로 여기서는 시나리오 기획자 입장에서 스킬 기획에 접근하는 방법을 알려드리도록 하겠습니다.

시나리오 기획자라면 캐릭터나 몬스터 등을 기획한 의도가 있을 것입니다. 해당 개체의 활용은 어떻게 되는지, 어떤 부분을 게이머에게 전달하고 싶은지가 분명히 존재하지요. 스킬은 이 부분을 표현하기 위한 설정으로 이루어져야 합니다. 예를 들어 신규 무기가 업데이트되면서 해당 무기를 사용하는 캐릭터를 기획했다면 무기 관련 스킬이 들어가야 합니다. 누군가를 보조하는 캐릭터라면 버프나 디버프 스킬이 들어가야 할 것이고, 스토리상 저주를 거는 주술사라면 주술에 관련한 스킬이 들어가야 할 것입니다.

스킬을 기획하는 첫 단계는 스킬의 구성입니다. 한 캐릭터당 하나의 스킬만 주어지는 게임은 거의 없습니다. 여러분이 기획한 캐릭터의 스킬도 여러 개가 되는 것이 당연합니다. 한 캐릭터당 5개의 스킬을 갖는 게임이라고 합시다. 공격 스킬만 5개인 캐릭터와 회복 스킬만 5개인 캐릭터는 느낌이 완전히 다릅니다. 공격 4개와 방어 1개의 스킬을 가진 캐릭터와 방어 4개와 공격 1개의 스킬을 가진 캐릭터는 어떤가요? 공격, 방어, 회복, 버프, 디버프 스킬을 각각 1개씩 지닌 캐릭터는요? 이러한 구성 역시 대충 해서는 곤란합니다. 캐릭터의 기획 의도에 맞게 지정할 필요가 있습니다.

이후에는 각각의 개별 스킬을 디테일하게 지정해야 합니다. 여기에서도 각각의 의도가 필요합니다. 해당 의도를 보고 앞서 말한 다양한 직군의 사람들에게 더 나은 방법은 없는지 왜 이런 스킬을 만들어야 하는지에 대해 충분한 이유가 있어야 할 것입니다. 아래 가벼운 스킬 기획 예시를 제시합니다.

Example **힐러 캐릭터 '세라피아'**

- 이타적인 성격으로 항상 남을 먼저 생각하는 캐릭터
- 신앙을 가진 지 오래되지 않아 신성력을 다루는 데 서투름
- 5개의 스킬은 다른 사람을 치유하는 3개, 보호하는 2개로 구성

스킬1. 신성한 손길: 단일 아군의 체력을 회복

- 신성력을 다루는 데 서투르므로 단일 기능
- 남을 돕고 싶어 하는 캐릭터의 성격을 나타내는 스킬

스킬2. 회복의 기도: 아군 전체의 체력을 회복

- 신성력을 다루는 실력이 늘어감으로 여럿에게 동시 회복이 가능해짐
- 많은 사람을 돕고 싶어 하는 캐릭터의 성격을 나타내는 스킬

스킬3. 축복의 빛: 아군 전체에 지속해서 체력이 회복되는 버프

- 신성력을 자유자재로 다루어 사람들에게 지속시킬 수 있는 수준이 됨
- 모든 사람을 항상 지켜주고 싶어 하는 따스한 성품이 담긴 스킬

스킬4. 수호의 방패: 단일 아군에게 잠깐 방패를 생성

- 신성력을 잘 다루지 못하지만 타인을 보호하고픈 욕망의 발현

스킬5. 신성한 장벽: 아군 전체 주변으로 잠깐 방패를 생성

- 주변의 모두를 지키고 싶은 마음의 발현

여기에서 더 나가면 스킬의 분류와 판정 형태, 적용 시점과 수치 적용 등까지 다루어야 하지만 시나리오 기획자 입장에서 디테일하게 학습할 필요는 없으므로 다루지 않겠습니다. 시나리오 기획자가 스킬을 지정한다면 해당 스킬을 사용하는 개체를 왜 만들었는지, 게임에서의 역할이 무엇인지 등 스킬 자체만이 아니라 스킬을 사용하는 캐릭터의 기획 의도에서부터 시작해야 한다는 것을 기억하세요.

PRACTICE

앞의 연습 문제에서 성격 표현까지 기획한 캐릭터에 스킬을 기획해 봅시다. 여기까지 작성하면 캐릭터의 기본형이 완성됩니다. 이제 이를 기반으로 디테일하게 접근하면 됩니다.

....

....

....

....

....

NPC 만들기

지금까지의 내용을 이해했다면 NPC(플레이어가 조작하지 않고 시스템에 의해 동작하는 캐릭터) 기획은 어렵지 않습니다. 캐릭터 기획의 모든 걸 담되 단지 그 수준을 가볍게 하면 됩니다. 다만 NPC를 만들 때 가장 신경 써야 하는 것은 이 캐릭터의 목적과 활용입니다.

NPC를 스토리 전개에 활용한다면 희생자 역할이 될 수도 있고, 구원자나 게이머의 목표 대상이 될 수도 있습니다. 철학적인 메시지를 담을 수도 있고 캐릭터의 그림자를 표현하기 위해 활용될 수도 있습니다. 어쩌면 반전을 담기 위한 목적일 수도 있지요. 차라리 이런 형태의 활용이라면 오히려 명확합니다. 우리가 지금껏 수없이 감상한 콘텐츠들, 이를테면 영화나 애니메이션, 소설 등 스토리 중심의 경험으로 체득한 이미지가 있으니까요. 외형부터 시작해 대사나 동작과 표정까지 자연스럽게 나올 가능성이 높습니다.

다만 게임에서는 NPC가 스토리 전개가 아닌 형태로 활용되는 경우도 많습니다. 이를테면 오퍼레이터 NPC의 경우 게임을 처음 시작하는 게이머를 끌어주는 역할을 할 수 있습니다. 어느 정도 게임을 진행해서 익숙한 게이머들에게는 신규 콘텐츠나 이벤트를 알려줄 수도 있죠. 때로는 게이머의 플레이 패턴을 유도할 수도 있고요.

상점 NPC는 구매에 대한 부담감을 줄이는 목적을 가질 수도 있습니다. 동시에 상점에 대한 분위기를 전달해 줄 수 있지요. 거대한 자판기만 있는 상점과 아름다운 소녀 점원이 물건을 판매하는 상점,

덩치 큰 애꾸눈의 대머리 남자가 물건을 판매하는 상점, 노인이나 요정이 물건을 판매하는 상점은 이미지도 다르고 상점에 진입해 아이템을 구매하는 과정에서의 느낌도 크게 다를 것입니다.

아래 몇 가지 타입의 예시를 적어두었습니다. 항상 말하지만 기획에는 정답이 없으며 아래 예시도 게임의 테마나 장르, 플랫폼에 따라 전혀 다를 수 있습니다. 참고용으로만 확인해 주세요.

다양한 목적을 가진 NPC의 예시

종류	설명	내용
오퍼레이터 NPC	게임 전반을 안내	- 신뢰가 가며 질리지 않는 보편적 이미지
상점 NPC	물건 판매	- 비용 사용에 대한 거부감이 들지 않도록 함 - 매력적이라서 게이머들이 자주 들어가도록 함
퀘스트 NPC	퀘스트를 주는 대상	- 퀘스트의 분위기에 맞는 개성을 부여
튜토리얼 NPC	튜토리얼을 진행	- 첫 이미지이므로 게임 콘셉트를 잘 표현하도록 함 - 거부감이 들지 않는 친숙한 느낌을 줌
수리/강화 NPC	돈을 받고 장비 수리, 돈을 받고 장비 강화	- 노련함이 느껴지는 이미지
정보제공 NPC	정보를 전달	정보에 대한 신뢰가 느껴져야 함
치료 NPC	돈을 받고 치료	- 치료에 대한 안정감을 주는 온화함 - 비용 사용에 대해 거부감이 들지 않도록 함
경비병 NPC	길을 막고 있음	- 억지스럽거나 불편한 마음이 들지 않도록 함 - 강하고 믿음직스러운 느낌을 주도록 함
구출 NPC	구출 퀘스트의 목표	- 누가 봐도 약한 피해자이고 선해 보여야 함 - 구해주고 싶다는 느낌이 드는 이미지

모션과 표정 정리하기

대본형 시나리오에서 표정이나 동작은 지문으로 표기합니다. 가령 굳은 표정으로 검을 휘두르는 장면이라면 이렇게 표현할 것입니다.

(굳은 표정으로 검을 휘두르며 기합 소리를 내지른다.)

대본형이 아니라 소설에서는 어떻게 표현할까요?

그는 검을 위에서 아래로 크게 휘둘렀다.
굳은 표정에서 단호함이 느껴졌다.

영화 시나리오와 소설의 표현하는 방식이 다른 이유는 대상이 다르기 때문입니다. 대본형 시나리오를 읽는 사람은 배우들입니다. 그래서 어떻게 동작해야 하는지를 기술합니다. 반면 소설을 읽는 사람은 독자입니다. 그래서 옆에서 장면을 보는 것처럼 묘사해 주며 표정에서 심리 상태를 넌지시 전달합니다. 그러면 이쯤에서 질문드리겠습니다.

게임 시나리오 기획자가 굳은 표정으로 검을 휘두르는 장면을 만든다면 그 텍스트의 대상은 누구일까요? 즉 누가 읽나요? (게임 장르에 따라 실제 모션이 들어가지 않고 텍스트로 전달되는 일도 있으므로 이를 제외하고 생각해 봅시다.)

게임 시나리오 텍스트를 읽게 될 사람은 모션과 표정을 만드는 '담당자'가 될 것입니다. 그러므로 검을 휘두른다.라고 전달하면 가로로 휘두를지 세로로 휘두를지 대각선으로 휘두를지 모를 것입니다. 위에서 아래로 휘두른다.라고 해도 크게 베는 것인지 짧고 강하게 베는 것인지 해석의 여지가 많습니다. 당연한 이야기지만 검을 베는 자세에서도 캐릭터의 성격이 담길 여지는 많습니다.

표정도 마찬가지입니다. 단호한 표정이라는 텍스트는 담당자에 따라 표현이 다양하게 나올 수 있습니다. 역시 더 디테일하게 전달해야 합니다. 가령 양손을 높이 치켜들고 인간형 적의 발목 부근까지 일자로 칼을 크게 휘두름 이렇게 표현하면 충분할까요? 그렇지 않습니다. 왜 이런 모션을 기획했는지에 대한 이유가 더해져야 합니다.

여러분이 상상한 모션은 완벽할 수 없습니다. 게임마다 캐릭터 모션에 대한 정책이 있고 뼈대도 모두 다르게 지정되어 있습니다. 이 부분에서 기술적인 비효율이 개입할 여지가 분명히 존재합니다. 그뿐 아니라 액션 모션을 담당하는 디자이너가 여러분의 의도를 더욱 잘 표현할 다른 모션을 제시할 수도 있을 것입니다. 따라서 의도까지 담는 것이 좋습니다.

> **Example**
>
> 양손을 높이 치켜들고 인간형 적의 발목 부근까지 일자로 칼을 크게
> 휘두름
> ㄴ 대범한 캐릭터의 성격을 표현
> ㄴ 가장 강한 베기 스킬이므로 온 힘을 다해 베는 느낌을 주기 위함

　　여러분이 애니메이션을 학습했다면 여기에 프레임이나 앞선 동
작들과의 연결까지 조금 더 디테일하게 표현할 수 있겠지만 이는 실
제 게임을 개발하면서 필요에 따라 그때그때 학습하면 될 것입니다.

페르소나 5 더 로열

'마음의 괴도단'을 중심으로 진행되는 이 게임은 〈페르소나〉 시리즈의 5번째 작품입니다. 인간의 사악한 마음속 세계에 침투하여 그의 보물을 훔쳐내고 그로 인해 스스로 갱생하게 한다는 것이 주요 설정인데요. 특정한 것에 대한 잘못된 집착이 나쁜 마음을 갖게 한다는 의미겠지요. 이 게임의 캐릭터들은 하나 같이 무언가에 대한 집착이나 마음속 고난을 가지고 있으며 이를 하나하나 해결하며 동료가 됩니다. 주인공 역시 억울한 누명으로 사회적 고립을 경험하게 되는데요. 그래서 모든 인물에게 하나씩 자리 잡은 비틀린 마음이 캐릭터 조형의 핵심이 됩니다. 이를 극복하게 되면 자신만의 페르소나를 갖게 된다는 점 또한 특이하지요.

예를 들어 가장 처음 동료가 되는 '류지'는 억압받는 청소년기의 반항심을 갖고 있으며 페르소나 역시 반항적인 해적입니다. 두 번째 동료가 되는 '안'은 외모로 인한 편견에 시달리고 있는데요. 이를 극복하자 붉은 드레스에 장미 가시를 가진 페르소나를 얻습니다. 이는 복장과 마스크에서도 나타나는데, 이처럼 캐릭터의 내면을 기준으로 외형과 성격, 복장과 페르소나까지 연계되어 디자인되어 있습니다. 그들과 교류하며 마지막 마음의 성장을 이루어 내면 각각의 페르소나는 진화를 통해 더욱 성숙한 모습을 보이게 되지요.

게임의 스토리는 이들의 심리적 성장을 중심으로 하며 동시에 사회적인 집단 심리, 크고 작은 범죄자들과 조연들의 마음과도 연결되어 있습니다. 인간의 마음과 그 안의 비틀림과 집착을 중심으로 조형하는 캐릭터는 다른 게임에서는 드뭅니다. 하지만 그렇기에 페르소나 시리즈의 캐릭터들은 연구할 가치가 충분하죠. 이 게임의 시나리오는 각각 한 사람에 집중해서 순차적으로 전개됩니다. 각 캐릭터가 사회적 억압에 처한 배경을 설명하고 이를 극복하는 과정을 통해 페르소나를 각성하게 되지요. 그리고 동료가 됩니다. 단순한 패턴의 반복으로 볼 수도 있지만 게이머들이 공감할 만한 다양한 캐릭터들을 통해 단조로움을 극복합니다.

함께 싸우며 성장하는 캐릭터들 이외에 교류 전용 NPC들도 등장하는데요. 그들의 경우 주인공과의 대화와 협력을 통해 자신의 문제를 극복해 나갑니다. 페르소나 사용자인 동료 캐릭터와는 다른 형태의 조형이며 이 또한 게임의 무게를 줄이며 다양성을 높이는 역할을 합니다.

캐릭터를 만드는 중심에 '마음의 상처'를 의도로 두고 있는 〈페르소나〉 시리즈. 게임 캐릭터를 기획하기 위해 충분히 분석해 볼 가치가 있지 않나요? 연속되는 시리즈이므로 다소 어렵게 느껴진다면 3편이나 4편부터 해보길 추천합니다. 1편과 2편은 다소 결이 다르거든요.

몬스터 설정하기

이번에는 몬스터를 설정하는 방법에 대해 이야기해 보겠습니다. 우리가 설정하는 몬스터는 스토리에만 등장하는 것이 아니라 게임 속에 직접 등장하는 개체이므로 개발에 필요한 요소를 이해할 필요가 있습니다.

몬스터 개발에 필요한 요소는 크게 그래픽과 프로그램, 데이터로 나눠볼 수 있습니다. 이 3가지에 맞춰 설정해야 게임에 활용하기 좋은 몬스터가 될 수 있습니다.

1단계: 몬스터 분류하기

몬스터 개발을 위해 가장 먼저 할 일은 몬스터를 분류하는 것입니다. 이는 세계관을 설정할 때 생물학적 배경을 디테일하게 정해두었다면 쉬울 수도 있습니다. 우선 몬스터를 외형적인 분류와 속성적인 분류를 합니다.

외형적인 분류는 그래픽에 큰 영향을 주겠죠? 스토리의 뼈대가 동일하면 애니메이션에 사용할 수도 있고 형태를 잡는 데도 기준이 될 테니까요. 기준이 일단 잡히면 정해진 외형을 기본으로 하여 조금씩 덧대거나 고치면서 활용할 수도 있습니다. 이를 '배리에이션'한다고 표현합니다.

속성적인 분류는 프로그램에 영향을 줍니다. 동일한 이펙트를 사용하는 등 그래픽적인 부분에도 영향이 없는 건 아니지만, 몬스터의 속성에 따라 게임 시스템이 달라지곤 하니까요. 예를 들어 〈드래곤 퀘스트〉 시리즈에 나오는 몬스터 중에 폭탄 바위가 있는데요. 다른 몬스터들과 달리 이 몬스터는 상대가 가까이 오면 자폭해 버립니다. 일반 몬스터와 전혀 다른 시스템을 사용하는 거죠.

분류	배리에이션	이름	내용
인간형	기본 타입	고블린	- 약한 체력을 가진 소형 몬스터 - 여러 마리가 집단으로 공격함
		도적	일정 확률로 플레이어의 아이템을 훔치고 도주하는 몬스터
		암흑사제	일정 간격으로 주변 아군 몬스터의 체력을 회복해 줌
		스켈레톤	쓰러뜨려도 일정 시간 후 다시 부활하는 언데드 속성
	대형 타입 (크기 변경)	강철골렘	방어력이 매우 높고 일정 확률로 물리 공격을 무시
	도마뱀 타입 (꼬리 추가)	악어 전사	- 물속에서의 이동 속도가 증가 - 물 속성 피해에 저항성이 있음
슬라임형	기본	메탈 슬라임	- 방어력이 높고 회피율이 매우 높음 - 물리 공격이 잘 통하지 않음.
		독 슬라임	공격 시 독 상태를 부여
		전기 슬라임	공격 감전 상태를 부여
조류형	기본 타입	독수리	높은 곳에서 빠르게 낙하하여 치명타율이 높은 공격 후 사라짐
		얼음 까마귀	- 공격 시 냉기 속성 데미지 - 공격 시 속도 디버프 부여
	정령 타입 (이펙트)	불사조	체력이 다 소진될 때 불꽃으로 변해 일정 시간 후 부활함
		썬더이글	범위 공격으로 전기 피해를 줌

예시2: 몬스터의 속성적 분류('예시1'의 몬스터를 속성으로 재분류)

속성	이름	내용
암흑	고블린	- 약한 체력을 가진 소형 몬스터 - 여러 마리가 집단으로 공격함
암흑	도적	일정 확률로 플레이어의 아이템을 훔치고 도주하는 몬스터
암흑	암흑 사제	일정 간격으로 주변 아군 몬스터의 체력을 회복해 줌
메탈	강철 골렘	방어력이 매우 높고 일정 확률로 물리 공격을 무시
메탈	메탈 슬라임	- 방어력이 높고 회피율이 매우 높음 - 물리 공격이 잘 통하지 않음
전기	전기 슬라임	공격 감전 상태를 부여
전기	썬더이글	범위 공격으로 전기 피해를 줌
자연	독수리	높은 곳에서 빠르게 낙하하여 치명타율이 높은 공격 후 사라짐
자연	악어 전사	- 물속에서의 이동 속도가 증가 - 물 속성 피해에 저항성이 있음
독	독 슬라임	공격 시 독 상태를 부여
언데드	스켈레톤	쓰러뜨려도 일정 시간 후 다시 부활하는 언데드 속성
얼음	얼음 까마귀	공격 시 냉기 속성 데미지, 공격 시 속도 디버프 부여
불	불사조	체력이 다 소진될 때 불꽃으로 변해 일정 시간 후 부활함

2단계: 리소스 설정하기(외형)

분류를 마쳤다면 리소스 설정 단계로 넘어갑니다. 시나리오를 텍스트로만 설명하는 시대는 이제 지나갔습니다. 이 몬스터는 사자 머리에 뱀의 꼬리를 가지고 있으며 날개가 달려있다.라는 설정을 텍스트로 전달하지는 않겠지요? 그래픽 작업으로 눈에 보이게 할 것입니다.

이때 꼬리는 머리보다 클까요? 날개는 어디에 어떤 크기로 달려 있을까요? 이렇게 상상하다 보면 무서운 몬스터가 우스꽝스럽게 제작될 수도 있습니다.

따라서 시나리오를 작성할 때 형태를 표현해야 합니다. 눈으로 보이는 외형적인 모습을 하나하나 적어주세요. 그래픽 담당자가 잘 그려낼 수 있도록 말이지요.

Example 아래 몬스터의 외형을 설명한다고 가정합니다.

- 인간을 2m로 볼 때 3m의 키를 가지고 있다.

- 인간처럼 2족 보행을 한다.

- 얼굴은 사자의 형상을 띄고 있으며 수사자의 갈기가 있다.

- 몸은 리자드맨의 형태로 피부가 비늘로 덮여있다.

- 전면의 몸에는 비늘이 아닌 뱀의 배 형태이다.

- 꼬리에는 뱀의 머리가 달려있으며 머리 주변에 작은 날개가 있다.

- 등에 거대한 날개가 있으며 펼쳤을 때의 길이는 5m이다.

- 등의 날개는 깃털형이 아닌 파충류의 날개 형태이다.

- 디자인은 드래곤의 날개를 참조하며, 윗 부분에 갈고리형 발톱이 있다.

3단계: 리소스 설정하기(모션)

외형 설정 이후에는 모션(동작) 설정을 해야 합니다. 몬스터가 분노에 가득 차서 격렬하게 달려들었다. 라는 문장은 게이머에게 어떻게 전달될까요? 몬스터의 모션과 여기에 붙는 이펙트로 전달되겠지요? 반복해서 말하지만 시나리오 기획자는 시나리오를 어떻게 효과적으로 전달할 수 있을지를 고민하는 직군입니다. 따라서 자신이 설정한 몬스터에 맞는 모션도 지정해 주는 것이 맞습니다. 그렇다면 게임 속 몬스터의 필수 모션에는 어떤 것이 있을까요?

일반적인 몬스터라면 플레이어와 싸우는 존재이므로 Idle(가만히 있는 상태), 공격, 피격, 이동, 사망 등이 있을 것입니다. 몬스터에 따라서는 스킬 모션이나 특수 모션이 추가되겠지요. 공격, 피격, 이동, 사망은 알겠는데, Idle은 어떤 모션일까요? 누구든 제자리에 가만히 서 있다고 해서 뻣뻣하게 부동자세로 있지는 않을 겁니다. 숨을 쉬거나 팔을 휘두르거나 몸을 흔들거나 할 거예요. 바로 그 모션을 Idle 모션이라고 생각하면 됩니다. 가장 기본적인 모션이면서 몬스터의 특징이나 개성을 보여주기에 좋지요. 몬스터의 모든 모션은 이 Idle에서 시작한다고 이해하면 좋습니다.

모션을 설정하는 것에는 별다른 방법이 없습니다. 머릿속에 떠오르는 것을 문장으로 표현하면 됩니다. 유일하게 조심해야 하는 부분이 몬스터의 뼈대인데요. 이 내용은 '모션과 표정 정리하기'(198쪽)을 참고해 주세요. Idle 모션은 몬스터의 기본적인 개성을 보여줍니다. 기본자세가 엉거주춤한 몬스터와 당당하게 서 있는 몬스터, 혼자 춤을 추고 있거나 꾸벅 꾸벅 졸고 있는 몬스터, 활을 겨누고 있는 몬스터는 얼핏 봐도 전혀 다른 모습으로 인식될 테니까요.

4단계: 리소스 설정하기(능력치)

앞서 몬스터 개발에 필요한 3가지 요소로 그래픽, 프로그램, 데이터를 뽑았는데요. 여기서 데이터란 쉽게 말해 '몬스터가 갖고 있는 능력치'라고 보면 됩니다. 그리고 이 능력치는 숫자로 표현되죠. 예를 들어 이 몬스터는 강하다.는 어떻게 표현할 수 있을까요? 외형적으로 강하게 표현할 수도 있지만 엄청나게 거대하고 무시무시하게 생긴 몬스터가 한방에 죽으면 그것도 이상하죠? 이때 표현할 수 있는 방법이 능력치입니다.

강한 것 외에 속도가 빠르다거나 너무 단단해서 때려도 데미지가 들어가지 않는 등의 설정을 표현하려면 능력치가 필요할 수 있습니다. 얼마나 빠른지, 얼마나 단단한지 등을 숫자로 지정하면 되니까요. 일반 몬스터의 속도가 1인데 새로 만든 몬스터의 속도가 2라면 두 배 빠르게 동작할 것이고, 10이라면 10배 빠른 몬스터로 동작할 것입니다. 따라서 몬스터를 설정할 때는 몬스터가 갖고 있는 능력치를 하나하나 수치로 지정해 줄 필요가 있습니다. 내가 생각하는 능력치를 숫자로 어떻게 표현할 수 있을지를 고민해 보세요.

수치를 통해 몬스터의 능력을 표현하고 비교할 수 있다.

5단계: 리소스 설정하기 (AI와 패턴)

마지막으로 몬스터의 AI와 패턴이 있습니다. 이 부분은 시나리오 기획자의 영역일 때도 있고 아닌 예도 있지만 시나리오에 표현하기 위해 알아두면 유용합니다.

예를 들어 이 몬스터는 겁쟁이라서 불리해지면 도망친다.라는 설정이 있다고 해봅시다. 외형적으로는 겁쟁이처럼 표현할 것이고, 능력치는 '불리해진다'는 내용을 구체화할 것입니다. 간단하게 HP가 30% 이하가 되면 불리하다고 생각한다.로 정의해 보겠습니다. 그렇다면 이제 도망치는 부분을 만들어야 하는데요. 이때 AI가 들어갑니다.

이 책에서 AI는 디테일하게 다루지는 않겠습니다. 다만 AI는 기본적으로는 '특정 조건에 의해 행동을 한다'는 거로 이해해 주세요. 조건을 설정하고 해당 조건이 만족했을 때 몬스터가 어떤 행동을 할지를 정리하면 됩니다.

패턴은 AI와는 조금 다르지만 역시 비슷한 개념으로 이해하면 됩니다. 몬스터의 패턴이나 AI는 개발 팀이나 방식, 장르에 따라서도 다르고 일부 게임 엔진에서는 지원하는 메뉴도 있지만 기본적으로는 FSMfinite-state machine을 학습하면 이해하기 편합니다. 이 내용은 'AI를 통한 몬스터 성격 나타내기'(214쪽)에서 설명하겠습니다.

어그로 설정하기

추가로 몬스터의 어그로 설정이 있습니다. 어그로는 게임 용어로 시작했지만 지금은 누구나 사용하는 용어입니다. '어그로를 끈다'라는 말은 누군가를 표적으로 삼는 것을 의미합니다.

몬스터를 설정하는 과정에서 어그로의 조건을 정하는 것은 몬스터의 시나리오적인 성격을 보여주는 데 있어 상당히 유용합니다. 나를 때린 플레이어에게 어그로를 높이는 몬스터도 있겠고, 플레이어를 회복시켜 주는 힐러에게 어그로를 높이는 전략적인 몬스터도 있을 테죠. 가장 약한 플레이어를 노리는 몬스터도 존재할 수 있고 상황설정에 따라서 어그로 기준이 달라지는 몬스터도 있을 수 있습니다. 조금만 상상해 봐도 다양한 성격의 몬스터를 설정할 수 있을 겁니다.

예시: 어그로를 통한 몬스터의 다양한 성격 표현

어그로 기준	성격
가까운 적	단순함, 직선적, 공격성, 적대적
자기보다 약한 가까운 적	기회주의자, 공격성, 적대적
나를 가장 최근에 때린 적	중립, 단순함
나를 가장 강하게 때린 적	중립, 복수심, 영웅심
회복 스킬을 사용하는 적	전략적
밤에만 > 주변 누구에게나	낮에는 중립 성향이지만 밤이 되면 폭주함
어그로 없음	평화주의자

이상 몬스터 설정에 관한 내용을 다루었는데요. 이처럼 설정만으로도 많은 것을 전달할 수 있습니다. 움직임의 근간이 되는 뼈대부터 외형과 동작들, 속성과 성격, 그리고 수치를 통한 강함과 속도까지. 하나하나를 묘사하는 것과는 다른 방식으로 전달되지요. 시나리오 기획자는 텍스트만으로 이야기를 전달하는 사람이 아님을 다시 한번 느꼈기를 바랍니다.

AI를 통한 몬스터 성격 나타내기

소설은 텍스트뿐이지만 게임은 시나리오와 설정을 전달하는 방법이 다양합니다. 그중 하나가 몬스터의 AI입니다. 즉 인공지능이라는 것이지요. '겁쟁이 고블린'이 시나리오에 등장한다고 해봅시다. 이 고블린이 겁이 많다는 걸 어떻게 표현할 수 있을까요?

가장 일반적인 방법은 대사를 통한 전달이지만 게임의 세계관에서 고블린과 인간의 언어가 다르다면 대사를 통해 전달하기는 힘들 것입니다. 두 번째는 표정이나 외적인 모습을 다르게 만드는 방법이 있을 텐데요. 이 개체 하나만을 위해 추가 작업이 발생하는 것이므로 좋은 방법은 아닙니다. 모든 고블린이 동일한 리소스를 사용하는데, 겁이 많은 고블린을 따로 만드는 건 비효율적이지요.

가장 효율적으로 표현할 수 있는 방법이 AI입니다. 게임마다 형태는 다르지만 기본적으로 FSMfinite-state machine을 주로 사용합니다. FSM은 게임 속 캐릭터나 오브젝트가 여러 상태State 중 하나에 있고 특정 조건이 충족되면 다른 상태로 바뀌는 방식을 뜻합니다. FSM은 이런 상태를 연결해서 표현하는 방식이라고 보면 되죠.

　다시 돌아가서 고블린에게 상태를 부여해 봅시다. 대기 상태, 공격 상태, 이동 상태 정도로 구분을 해보겠습니다. 대기 상태는 가만히 서서 주변을 둘러보는 상태이고 여기에서 적을 발견하면 이동 상태로 변경됩니다. 이동 상태는 목표 지점을 향해 걷는 행동을 합니다. 적이 공격 범위 안에 들어오면 고블린은 공격 상태로 전환됩니다. 공격 상태에서는 적을 때리겠지요. 이것이 FSM식 AI의 기초입니다.

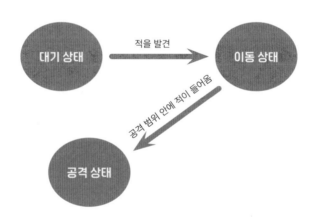

　FSM에는 여러 상태가 존재하며 상태가 전환되는 조건이 있습니다. 조금 더 들어가면 공격 상태는 영원히 계속될까요? 공격 상태에서 적이 사망하면 고블린은 대기 상태가 될 것입니다. 이동 상태에서도 대기 상태로 갈 수 있습니다. 범위 안에 있던 목표가 사라지면 대기 상태가 될 수 있지요.

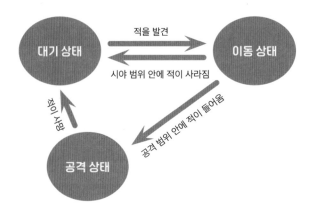

　그렇다면 앞서 예시로 들었던 '겁쟁이 고블린'을 FSM으로 표현하려면 어떻게 해야 할까요? 네, 그렇습니다. '겁먹은 상태'를 하나 추가하면 됩니다. 혹은 '도주 상태'가 될 수도 있겠네요. 일반 고블린은 적을 발견하면 이동 상태로 전환되어 공격하러 달려오지만, 겁쟁이 고블린은 적을 발견하면 도주 상태로 전환되어 적이 있는 반대 방향으로 이동하게 만들면 되지요.

게이머의 시점에서 상상해 봅시다. 대부분의 고블린은 플레이어를 발견하면 몽둥이를 휘두르며 달려듭니다. 그런데 어떤 고블린들은 플레이어를 발견하는 순간 플레이어가 있는 반대 방향으로 달려갑니다. 어떤가요? 겁쟁이라는 느낌이 드나요? 혹은 유인하는 것처럼 보일 수도 있을 것입니다. 이처럼 대사나 그래픽 연출이 아닌 AI를 통해 원하는 경험을 제공할 수 있습니다.

FSM의 장점은 상태State를 추가하거나 제거하고 이동Transition 방향을 바꾸거나 조건을 변경함으로써 다양한 형태를 쉽게 만들 수 있다는 것입니다. 동일한 몬스터가 레벨이 높아져서 똑똑해지는 것을 표현하기도 쉽고, 수치가 동일한 게임에서 난도에 따라 몬스터가 조금 더 똑똑하게 움직이게 할 수도 있습니다. 이처럼 다양한 변화와 응용이 가능하기 때문에 오래된 기법인데도 일부 게임 엔진에는 아예 기능이 들어있을 정도로 여전히 FSM이 활용되고 있습니다.

도주 상태를 추가한 형태

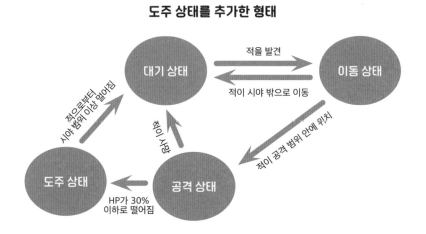

AI라고 하면 어려울 것 같지만 FSM은 복잡한 프로그램 지식 없이도 지정할 수 있으므로 익혀두기를 권합니다. 물론 현실적으로 볼 때 시나리오 기획자에게 AI까지 요구하는 회사는 많지 않습니다. 하지만 시나리오 기획자라면 게이머에게 어떻게 이야기와 설정을 전달할 수 있을지 가급적 다양한 방법으로 알아둘 필요가 있습니다.

PRACTICE

다음 몬스터의 FSM을 작성해 보세요.

- 대기 상태에서 5초가 지나면 주변을 배회합니다.

- 배회 중 5초가 지나거나 적을 발견하면 대기 상태가 됩니다.

- 대기 상태에서 적을 발견하면 아군을 소환합니다.

- 소환 중 적이 죽거나 시야 밖으로 사라지면 다시 대기합니다.

- 소환 중 적이 3미터 이내로 들어오면 도망갑니다.

- 적이 3미터 밖으로 거리가 벌어지면 다시 소환을 시도합니다.

- 한번 도망치기 시작하면 적이 시야 밖으로 가거나 죽어야 멈춥니다.

- 도주를 멈추면 대기 상태로 돌아갑니다.

(정답은 237쪽에)

몬스터 헌터 월드

〈몬스터 헌터 월드〉 시리즈는 몬스터의 디자인과 생태계가 게임 플레이와 연계되는 게임으로 유명합니다. 몬스터가 단순히 해치워야 할 적을 넘어 생태계와 서사적 요소로도 작용하고 있지요. 각 몬스터는 독특한 외형을 가지고 있는데 이는 서식하는 환경에 그 근거를 둡니다. 예를 들어 리오레우스라는 붉은 용은 화산 지역에 서식합니다. 그의 강렬한 붉은 빛은 이를 표현하며 입에서 불을 뿜지요. 티가렉스라는 도마뱀 형 몬스터는 앞다리는 강력하고 뒷다리는 다소 퇴화했는데요, 황무지와 협곡에 살기 때문입니다.

이 게임에서 몬스터는 각각의 독립적인 존재가 아니라 먹이 사슬 관계를 통해 환경을 변화시킵니다. 작은 몬스터가 많은 곳에 큰 몬스터를 데리고 가면 잡아먹어 개체가 줄어들 수도 있고 대형 몬스터끼리는 영역 다툼을 벌이기도 합니다. 이 외에 공격 패턴에 있어서도 몬스터의 생태적, 환경적 특성을 반영하고 있으므로 말 그대로 게임 속 세계에 존재하는 생명체로 느껴지는 것이지요.

몬스터를 쓰러뜨리면 가죽이나 뼈를 얻을 수 있고 이를 통해 해당 몬스터의 특징을 담은 무기와 장비를 만들 수 있는데요. 무기, 장비가 하나로 묶여서 인식되기 때문에 몬스터의 존재 가치는 더욱 강해집니다. 게임 자체가 단순히 수렵 생활을 하는 방식이다 보니 시나리오가 없다고 생각할 수 있겠지만 이 게임의 시나리오 역시 특정 몬스터를 중심으로 진행됩니다. 전설의 몬스터가 등장하거나 마을을 위협하는 거대한 몬스터가 다가오고 있다거나 몬스터가 대량 발생한다는 형태로 시리즈마다 다양한 재난을 다루고 있지요.

스토리마저도 몬스터에 집중하는 게임이며 등장하는 NPC들도 특정 몬스터와 사연이 있는 경우가 많습니다. 정말 몬스터를 중심에 둔 게임이지요. 물론 몬스터 하나하나의 AI나 패턴, 모션도 상당히 세밀합니다. 따라서 몬스터 조형에 대해 학습한다면 이 만한 게임이 없을 거예요. 여러분이 만들게 될 대부분의 게임에서는 〈몬스터 헌터 월드〉만큼 디테일하게 설정할 필요는 없을 수도 있습니다. 하지만 배우고 익히는 입장이라면 〈몬스터 헌터 월드〉 시리즈를 분석해 보는 것을 추천합니다.

스토리 구성하기

이야기의 구성

　게임 시나리오뿐만 아니라 일반적으로 이야기는 막으로 구분됩니다. 이번에는 3막, 4막, 5막, 6막으로 이루어지는 이야기 구성을 알아보고 이를 게임과 연관지어 보도록 하겠습니다. 일부 게임에 있어서는 의미 없는 내용일 수 있지만 스토리를 기반으로 하는 게임에서는 기본이므로 알아둘 필요가 있습니다. 대부분의 스토리 콘텐츠와 겹치는 부분이므로 교양으로 이해해도 좋겠습니다.

　3막 구성은 '서론-본론-결론', '설정-대립-해결', '발단-전개-결말' 등으로 구분되며 가장 기본적인 이야기 구성입니다. 4막부터는 3막에서 세분화되는 것으로 보면 됩니다. 4막은 '발단-전개-절정-결말', 5막은 '발단-전개-위기-절정-결말'로 이루어지죠. 아마 익숙한 이야기 형태일 것입니다. 5막은 또 다른 구성을 갖기도 하는데요. '발단-전개-위기-역전-맺음'의 구성입니다. 마지막으로 6막은 '도입-발생-격화-위기-극의-대단원'으로 구성이 조금 다릅니다.

각 구성에서 분량을 살펴보면 어떤 구성이든 첫 단계는 분량이 적습니다. 다음 단계로 빠르게 넘어가지 않으면 지루해지기 때문이죠. 3막 구성은 마지막 단계(해결, 결론, 결말)도 짧게 구성합니다. 중반부가 구성의 대부분을 차지하지요. 6막 구성에서는 '극의' 부분이 가장 많은 분량을 차지합니다.

이렇게 분량으로 살피다 보면 결국 이야기에서 중요한 것은 시작과 끝이 아닌 '과정'임을 알 수 있습니다. 그리고 실제 게임에서도 시작과 끝이 아닌 과정을 플레이하게 됩니다.

이와 같은 이야기 구성의 일반론으로 볼 때 게임 시나리오가 소설/영화 등의 시나리오와 다르게 접근해야 하는 부분은 무엇일까요? 일반적으로는 '결말' 바로 앞부분인 '절정'입니다. 서비스형 게임은 결말이 나오면 안 되기 때문에 '발단-전개-절정-더 높은 절정-더더 높은 절정-더더더 높은 절정…'이라는 형태로 전개됩니다.

게임은 아니지만, 전설의 만화 〈드래곤볼 Z〉를 떠올려 봅시다. 손오공을 찾아 지구로 내려온 라데츠를 쓰러뜨리자 그는 말합니다. 더 강한 두 사람이 지구로 올 것이라고. 손오공을 포함한 Z 전사들은 수행을 하며 강적을 기다립니다. 그리고 마침내 내퍼와 베지터가 도착합니다.

격전 끝에 베지터를 쓰러뜨리게 되는데요.. 베지터와의 전투 중

극적인 상황에서 원기옥이 명중하는 장면은 〈드래곤볼 Z〉 절정의 순간이었습니다. 하지만 만화의 인기는 여전히 대단했고 연재는 이어져야 했지요. 그래서 어떻게 했을까요?

이야기는 나메크 성으로 옮겨가며 사실 베지터 위에는 프리저라는 우주에서 가장 강한 악당이 있음이 드러나게 됩니다. 다양한 모험 끝에 마침내 프리저와의 전투 중 손오공은 초사이어인으로 각성하게 되죠. 더욱 강한 절정인 셈인데요. 하지만 만화의 인기는 더욱 높아졌고 연재를 이어가기 위해 이번에는 미래에서 온 트랭크스라는 전사가 등장합니다. 이른바 인조인간 편이 시작된 것입니다.

'인조인간과 셀' 편의 절정에서는 죽은 손오공의 영혼이 아들 손오반과 함께 에네르기파를 쏘는 장면이 더해집니다. 여기에서 끝일까요? 아닙니다. 그 뒤에 '마인 부우' 편이 또다시 연재되지요.

인기있는 콘텐츠의 경우 이처럼 강한 적 위에 더 강한 적이 등장하며 스토리를 이어갑니다. 매번 적과의 대결로 절정을 이루지만 그 뒤에는 계속해서 더 높은 자극이 기다리고 있지요.

서비스형 게임이 아닌 게임에서는 어떨까요? 절정은 엔딩이 있는 제품형 게임에서도 매우 중요합니다. 그 이유는 '절정'은 가장 높은 쾌감을 주는 부분이면서 게임에서 가장 높은 난도로 디자인되어야 하기 때문입니다. 이 부분을 기준으로 나머지 부분의 밸런스를 조정해 나가므로 시나리오에서 주는 긴장감이나 쾌감 역시 이 부분을 중심으로 해야 하지요. 일반적으로 난도와 긴장감, 이를 극복했을 때의 쾌감은 함께 상승합니다.

게임은 감상이 아닌 체험이라서 스트레스 역시 섬세하게 디자인해야 합니다. 절정 부분이 가장 높은 난도라면 이를 극복하는 방법에 대해서도 생각해 볼 필요가 있는데요. 재미있게도 게임에 따라서 난도를 극복하는 방법은 제각각입니다.

콘솔 게임이라면 수없이 도전하고 실패하며 스스로 실력을 높일 수밖에 없지만 어떤 게임은 네트워크를 통해 친구를 부를 수도 있고, 또 어떤 게임은 현금 결제를 통해 극복할 수도 있습니다. 수집형 RPG에서 넘어서기 힘든 난도를 극복하려면 결국 가챠를 뽑을 텐데 이로 인해 게이머가 스트레스를 받을 수 있겠지요. 따라서 이를 완화하는 방법에 대한 고려도 필요합니다. 이를 테면 저항감이 들지 않도록 관련 재화를 일부 제공하거나 캐릭터의 매력을 시나리오에 부각시켜 '막힌 게임을 뚫기 위해서'가 아닌 '캐릭터를 가지고 싶기 때문'에 뽑기를 시도하게 할 수 있습니다. 스트레스나 저항감은 처음 한 번을 넘는 것이 가장 어려우니까요.

즉 일정 규모 이상의 시나리오를 작성할 때는 이처럼 다양한 형태로 구성되어야 하는 것이죠. 스토리가 기본이 되는 게임은 메인 시나리오 하나만 있을 수도 있지만 게임 장르에 따라 사이드 스토리가 있거나 이벤트 시나리오, 기타 연속 퀘스트를 통한 시나리오, 추가 에피소드 등 게임 안에 다양한 시나리오가 혼재되어 있을 수 있습니다. 이 하나하나는 여러 개의 막으로 구성되어 있으며 이를 구축하려면 결국 난도와 게이머의 스트레스를 기준으로 해야 한다는 걸 반드시 생각해 두길 바랍니다.

예시: 머리를 쓰는 유적 탐사 게임의 피로도 완화를 위한 구성

형태	- 유적 탐사 스토리 + 지역 탐사 + 힐링 스토리
구성	- 유적 탐사 중 새로운 지역으로 가는 길을 발견할 수 있도록 함 - 신규 지역에는 마을이 있으며 가벼운 힐링 스토리에 참여
효과	- 머리를 쓰는 퍼즐 스타일의 유적 탐사 중 휴식과 환기를 할 수 있는 선택지를 제공함 - 해당 선택지를 택했을 때 휴식을 강화해 주기 위한 힐링 스토리 배치

게임의 스토리 전개 방식 4가지

저는 스토리 전개의 중심이 어디에 있는지에 따라 게임 스토리 전개 방식을 주인공 중심, NPC 중심, 스토리 중심, 세계관 중심의 4가지로 분류합니다. (이는 저의 기준일 뿐이며 시나리오 기획자에 따라 기준이 다를 수 있습니다.) 하나씩 살펴보겠습니다.

1. 주인공 중심의 전개 방식

게임의 스토리가 주인공을 중심으로 전개되는 방식입니다. 앞서 말한 것처럼 이 방식은 주인공이 플레이어가 아닌 별도의 캐릭터가 존재하는 형태입니다. 특정 인물의 모험과 성장, 감정의 변화를 그리고 있죠. 일반적인 영웅물이나 만화에서 많이 보이는 방식입니다.

여기에서의 주력 NPC는 조미료 같은 역할을 하게 됩니다. 콘솔 게임이나 패키지형 게임이 많습니다. 이 전개 방식을 사용하는 게임을 예로 들면 〈위쳐〉 시리즈, 〈갓 오브 워〉 시리즈, 〈툼 레이더〉 시리즈, 〈메탈기어 솔리드〉 시리즈 등이 있습니다.

2. NPC 중심의 전개 방식

주인공이 아닌 NPC를 중심으로 게임이 전개되는 방식입니다. 이 형태의 게임에서 주인공과 플레이어는 관찰자가 됩니다. 〈셜록홈즈〉에서 왓슨이 대표적인 인물이죠. 중심에서 한 단계 떨어져서 지켜 보는 입장이므로 주인공의 위기나 고난이 직접 플레이어에게 와닿지는 않습니다. 즉 플레이어에게 스트레스를 주지 않으면서 이야기를 전개할 수 있지요.

주로 수집형 RPG에서 직접 나서거나 등장하지 않는 플레이어를 관찰자로 활용하는 경우가 많습니다. 아이돌 게임이나 육성 게임, 수집형 RPG에서 사용하는 방식입니다. 이 전개 방식을 사용하는 대표적인 게임은 〈러브 라이브〉, 〈우마무스메〉, 〈프린세스 커넥트〉 등이 있습니다.

3. 스토리 중심의 전개 방식

스토리가 중심이 되고 여기에 플레이어가 참여하는 방식입니다. 플레이어는 스토리 안에 포함된 인물 중 하나이긴 하지만 이야기의 중심인물이 아닐 수도 있습니다. 자기 관점에서 게임을 진행하니 스스로 주인공처럼 느껴질 뿐이지요. 이 방식은 스토리성이 강하거나 예술성이 강한 게임에서 주로 사용합니다. 게임 시나리오를 쓰는 사람이 선호하는 스타일일 수 있겠네요.

주로 콘솔 게임이나 PC 패키지 게임이 많습니다. 이 전개 방식을 사용하는 대표적인 게임은 〈투더문〉, 〈디트로이트 비컴 휴먼〉, 〈라이프 이즈 스트레인지〉, 〈베리드 스타즈〉, 〈슈타인즈 게이트〉 등이 있습니다.

4. 세계관 중심의 전개 방식

세계관이 점점 변화해 가는 형태의 전개 방식입니다. 〈위쳐〉나 〈왕좌의 게임〉, 〈삼국지〉 같은 대서사 형태의 작품을 게임으로 만들 때도 활용됩니다. 플레이어나 NPC는 변화하는 세계 속에서 큰 역할을 담당할 수는 있지만 큰 영향을 주지는 못합니다.

주로 오픈월드나 MMORPG 등 게임의 세계에 플레이어가 참여하는 게임에서 활용됩니다. 이 전개 방식을 사용하는 대표적인 게임은 〈스카이림〉, 〈월드 오브 워크래프트〉, 〈리니지〉 등이 있습니다.

이처럼 게임은 스토리의 전개 방식이 다양합니다. 장르에 따라서 스토리 전개 방식이 달라진다는 건 게임 시나리오만의 특징이므로 잘 알아두길 바랍니다.

게임에서 영웅의 여정은 유효한가

거의 모든 분야에서 '영웅의 여정'은 시나리오 작가들을 위한 교육 내용으로 자리 잡고 있습니다. 1949년 조셉 캠벨은 영웅 신화가 17단계로 이루어져 있다고 밝혔죠. 그 구성은 다음과 같습니다.

> 기이한 탄생 → 모험의 부름을 받음 → 부름의 거부 → 스승을 만남 →
> 문지방 넘기 → 시험, 조력자, 적 → 가장 안쪽 동굴에 접근하기 →
> 호된 시련 → 보상 → 돌아오는 길 → 부활 → 신약을 갖고 귀환

이후 1980년대 크리스토퍼 보글러라는 디즈니의 시나리오 작가가 이 영웅의 여정을 12단계로 조정했습니다.

> 일상 세계 → 모험으로의 소명 → 스승과의 만남 → 첫 관문 통과 →
> 시험, 동지, 적 → 가장 어두운 동굴로 접근 → 시련 → 보물 획득 →
> 돌아가는 길 → 부활 → 보물을 가지고 귀환

이 12단계를 설명하는 내용만으로《스토리 작법론》을 출간할 정도로 시나리오 작법에서는 널리 읽히는 이론인데요. 여기서는 자세히 다루지는 않겠습니다.

12단계 혹은 17단계의 영웅의 여정 순서에 따라 여러분이 좋아하는 게임의 스토리를 맞춰 봅시다. 어떤가요? 일치하나요? 어느 정

도 순서가 섞이고 일부가 빠져도 된다고는 하더라도 단언컨대 전혀 맞지 않을 것입니다. 고전 게임이라면 어느 정도 맞을 수 있겠지만요.

그 이유는 1980년대와 현재는 스토리를 소비하는 주체가 다르기 때문입니다. 오래된 이론은 이론으로서 가치가 있을 뿐 여기에 끼워서 맞춰 콘텐츠를 창작하는 것은 전혀 의미가 없습니다. 아, 영화나 소설에서는 어느 정도 적용할 수 있을지도 모르겠네요. 애초에 이 이론은 신화에서 시작했고 애니메이션 시나리오를 쓰던 이가 정립한 거니까요. 하지만 이 이론이 나올 당시의 게임들은 '스토리'가 없었습니다. 그러니 이 시나리오 작법이 게임 시나리오에 적용되지 않는 것은 당연하지요. 이에 대한 가벼운 예시로 주인공의 '소명' 부분을 이야기해 보겠습니다.

게임의 소명, 게이머의 소명, 주인공의 소명

크리스토퍼 보글러의 《스토리 작법론》을 보면 주인공이 소명을 깨닫는 장면이 초반의 중요한 포인트로 다루어집니다. 이 스토리 작법론은 게임에도 유효할까요?

과거에는 어땠을지 모르지만 현재는 그렇지 않습니다. 크리스토퍼 보글러의 이론뿐 아니라 그 어떤 스토리 작법론도 게임과는 방향성이 매우 다릅니다. 그 이유를 '캐릭터의 소명'을 중심으로 말해 보겠습니다.

소명이라고 함은 '변화하지 않을 수 없는 상황'을 의미합니다. 자발적일 수도 있고 아닐 수도 있지만 무언가 의무를 갖게 됩니다. 전쟁이 선포된다거나 꿈에서 계시를 받고 각성할 수도 있습니다. 우연이 겹쳐 운명으로 느끼게 될 수도 있고 사랑하는 대상과의 만남이 소명이 될 수도 있습니다. 사랑하는 대상은 인물이 아닌 보물이나 목표가 될 수도 있고요. 생존 영화나 공포 영화에서 볼 수 있듯 상황 자체가 소명이 되어 살아남기 위해 움직일 수도 있습니다. 이처럼 자의든 타의든 인물이 움직이게 되는 동기를 소명이라고 보면 됩니다.

자, 이쯤에서 여러분이 요즘 열심히 하는 게임을 서너 개 떠올려 보세요. 그 게임의 캐릭터가 갖는 소명은 무엇인가요? 위에 설명한 소명에서 찾을 수 있나요?

일반적인 스토리 작법론이 게임에서 적용되지 않는 가장 큰 이유는 인물이 없기 때문입니다. 인물이 있더라도 소설, 영화와 같은 스토리 중심의 콘텐츠와는 개념 자체가 다르죠. 게임의 주인공은 캐릭터이기도 하지만 그 캐릭터를 조작하는 게이머이기도 합니다. 게임에 잡혀간 약혼자를 구하러 가는 스토리가 부여됐다고 해봅시다. 게이머가 약혼자를 구하겠다는 생각으로 게임을 할까요? 현실에서는 약혼자가 없을 수도 있고 바로 옆에서 함께 게임을 하고 있을지도 모르는데요. 이러한 현상은 캐릭터의 개성을 줄이고 감정 이입에 큰 가치를 두는 장르일수록 심합니다. 실제로 게임에서 주는 소명은 게임 캐릭터보다는 게이머를 향한 것이 더 큽니다. 여기에서 한 단계 더 나아가면 게임 자체의 소명도 있겠지요. 이해가 어렵다면 한 가지 예를 들어보겠습니다.

거북이 괴물에게 잡혀간 공주를 구하는 걸 목표로 하는 배관공이 있습니다. 이 배관공을 조작하여 게임을 플레이하는 게이머는 무엇을 목적으로 게임을 할까요? 그냥 킬링타임용으로 게임을 하는 것일 수도 있고, 마지막까지 클리어해서 공주를 구하고 친구에게 자랑하고 싶을 수도 있습니다. 도전 과제를 모두 클리어해서 자신의 플랫폼 레벨을 높이고 싶을 수도 있지요.

스토리상의 소명과 게이머의 목적이 전혀 합치되지 않는 것입니다. 그런데 여기에 게임 자체의 소명이 추가됩니다. 게임의 목적, 즉 많은 게이머에게 판매되는 것이죠. 앞서 말한 크리스토퍼 보글러의 '소명'을 게임에 사용하려면 오히려 어긋나는 부분이 많아질 겁니다. 대부분의 작법론은 인물을 중심으로 구성되지만 게임에서의 인물은 게임을 플레이하는 게이머이기 때문에 중심으로 세울 수가 없어 생기는 오류죠. 이것이 일반적인 작법론과 게임 시나리오가 전혀 맞지 않는 이유입니다.

왕도 파악하기

게임에서 시나리오는 쉽게 전달되고 이해하기 편해야 합니다. 시나리오 중 일부가 누락되어도 게임의 몰입을 방해해서는 안 되지요. 이런 이유로 게임 시나리오의 상당수는 '왕도'를 따라가야 합니다.

왕도라는 것은 가장 일반적이고 현재 알려진 트렌드를 말합니다. 왕도의 반대는 일반적이지 않고 독특한 형태를 의미하는 사도인데 게임에서는 복잡한 메시지를 담은 이러한 시나리오는 특수한 경우를 제외하고는 추천하지 않습니다.

예를 들어 마왕에게 잡혀간 공주님을 구하기 위해 여행을 하고 마지막에 마왕을 물리치는 이야기는 왕도입니다. 하지만 알고 보니 공주님이 흑막이었다거나 마왕이 주인공이라면 일반적이니 않으니 사도라고 할 수 있지요. 이 예시는 시나리오 전체 콘셉트에 대한 것이기도 하지만 디테일한 부분에도 영향을 미칩니다.

다른 예를 들어보겠습니다. 어두운 동굴 속에서 맛있는 것을 줄 테니 들어오라는 으스스한 목소리가 들려옵니다. 어떤 상상이 드나요? 아마 그 동굴 안에 있는 무서운 것이 주인공을 유인하는 것이라고 생각할 것입니다. 왜냐하면 우리는 그런 장면을 많이 봐왔으니까요. 이것 왕도입니다. 하지만 막상 들어가 보니 친절한 몬스터가 정말 맛있는 사탕을 가득 준다면? 그것은 왕도에서 벗어난 형태가 되죠.

왕도를 파악하려면 많이 경험해 볼 수밖에 없습니다. 다수의 콘텐츠에서 장면이나 상황, 대상, 스토리를 어떻게 활용하는지를 알아야 왕도를 파악하고 게이머가 어떤 예측을 하게 될지 이해할 수 있을 것입니다. 그리고 이를 학습하는 것은 게임뿐만 아니라 영화, 애니메이션, 드라마, 광고, 인터넷 밈 등 모든 콘텐츠가 도움이 됩니다.

게임 타임라인은 무엇을 중심으로 하는가

지금까지 게임 스토리에 관해 이야기해 보았는데요. 사실 내용의 핵심은 지금부터가 중요합니다.

먼저 묻겠습니다. 게임 스토리에서 자유로운 창작은 허용될까요? 그렇지 않습니다. 게임에서 다루는 이야기는 소설이나 영화, 공연 같은 수동형 스토리가 아니기 때문입니다. 게임의 스토리는 목적성이 우선되어야 합니다. 물론 스토리 중심으로 게이머가 빈 곳을 채워 넣는 스타일의 게임이 있긴 합니다. 하지만 대다수의 게임은 콘셉트나 시스템적인 경험이 우선이며, 시나리오 기획자는 이에 맞는 시나리오를 작성하게 됩니다. 상업성이나 기타 목적성을 중심으로 하기도 하고요. 그래서 게임에서는 타임라인이라는 개념이 주목받습니다.

일반적으로 영화나 공연 대본의 타임라인은 기승전결의 이야기를 시간 순서로 배치합니다. 게임도 기본 개념은 비슷하지만 결정적으로 다른 점이 있습니다. 타임라인을 작성하는 데 있어 특정한 키워드를 갖는다는 것입니다.

긴장감을 중심으로 작성한다면 스토리의 흐름에 따라 긴장감이 얼마나 오르고 내리는지를 표기합니다. 해당 스토리에서의 난도를 중심으로 할 수도 있고 과금 욕구를 중심으로 할 수도 있습니다. 그래서 게임 스토리의 타임라인은 가로 방향은 타 장르와 마찬가지로 전개 순서이지만 세로 방향으로는 높이가 달라진다는 특이점이 있

지요. 아래 예시를 봅시다. 얇은 선으로 그려진 것은 긴장감, 붉은 칸
으로 표시한 것은 게임의 난도입니다. 이해되나요?

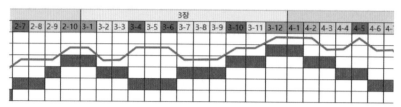

스테이지형 게임에서 그린 타임 라인

그렇다면 가로 방향의 전개 순서는 일반 이야기 장르의 타임라
인과 동일할까요? 그렇지 않겠지요. 게임에서 타임라인을 나누는 것
은 스토리상의 챕터가 아니라 스테이지일 수도, 캐릭터 레벨일 수도,
접속 시간일 수도 있습니다. 영화나 드라마와 달리 게임은 진행 시간
을 가늠할 수 없습니다. 게이머가 한 장소에 오래 머무를 수도 있고
좀 더 빨리 진행할 수도 있기 때문입니다.

즉 타임라인을 어떤 기준으로 나누는 것이 적합한지는 게임 장
르에 따라서도 다르고 스테이지, 캐릭터 레벨, 접속 시간에 따라서도
다릅니다. 이 부분을 학습하려면 여러 게임을 해보면서 직접 타임라
인을 그려볼 수밖에 없습니다.

게임 시나리오를 작성할 때 저는 타임라인을 먼저 그리라고 권
합니다. 그 이유는 시나리오의 목적성이 명확해지기 때문입니다. 이
렇게 작성하면 개발팀에 시나리오를 이해시키기도 쉽고 회의나 의
견을 전달하기도 편합니다. 예를 들어 타임라인에서 긴장감이 높은

장면이라면 배경이나 BGM을 개발할 때 긴장감이라는 포인트를 살릴 수 있습니다.

사용자의 몰입감은 높지만 난도가 낮은 스테이지와 이와 반대로 사용자의 몰입감은 낮지만 난도가 높은 스테이지를 상상해 볼까요? 난도가 낮은데 몰입감이 높으려면 연출에 크게 의존해야 할 것입니다. 시나리오 연출이든 시각 연출이든 다른 어느 것이든 간에요. 반대로 난도가 높은데 몰입감이 낮은 스테이지라면 시나리오 면에서는 중요하지 않은 이야기를 다루고 스테이지의 길이를 짧게 하는 등의 방법을 의논하게 되겠지요.

타임라인을 그리면 좋은 또 다른 장점은 시나리오에 대한 개입을 방어할 수 있다는 것입니다. 명확한 기준이 있고 그 기준으로 작업한다면 수정 요청이 왔을 때 기준을 두고 재논의할 여지가 생깁니다. 수정 요청이 기준에 더 가깝다면 요청을 받아들이는 데 도움이 되니까요. 이처럼 타임라인을 먼저 그리고 여기에 맞춰서 작업을 진행하면 협업을 중심으로 하는 게임 개발에서 유용한 도구가 될 수 있습니다.

거듭 말하지만 영화나 소설 같은 이야기 장르의 작법은 생각하지 마세요. 게임은 어디까지나 게이머를 위해 작동하는 능동적인 콘텐츠이며 이를 개발하기 위해서는 목적과 기능을 기반으로 시나리오를 작성해야 합니다. 이를 위해 가급적 확실한 기준을 담은 구성으로 타임라인을 그리고 작업하기를 바랍니다.

환경을 통한 스토리 전달

　게임의 스토리를 전달하는 방식은 다양합니다. 대사를 통해서도 가능하고 연출이나 장면을 통해서도 가능합니다. 이 외에 게임에서만 가능한 방식이 있습니다. 바로 '환경'을 이용해 스토리를 전달하는 방식입니다. 이 중 기본적인 형태는 '배경'을 통한 전달입니다. 예를 들어보겠습니다.

> 문을 열고 들어간 곳은 어두운 주방입니다. 썩은 나무로 된 테이블이 놓여 있고 그 위에는 곰팡이로 뒤덮인 음식물이 쌓여있습니다.

　게임을 하며 이런 공간에 들어선다면 공포나 긴장감을 느끼게 되겠죠? 또 다른 예시를 들어보겠습니다.

> 문을 열고 들어가자 커다란 홀입니다. 통창을 통해 햇살이 강하게 들어오며 다양한 색의 꽃으로 홀 전체가 화려하게 꾸며져 있습니다.

　어떤 느낌이 드나요? 화려하고 밝으며 안전함과 호기심을 느껴집니다. 게임은 어디까지나 직접 체험하는 형태의 콘텐츠라서 이처럼 공간을 통해 분위기나 이야기를 전달할 수 있습니다. 만약 두 번째 예시의 화려한 홀이 밤에 와보니 폐허가 되어 있다면? 여러분은 어떤 스토리를 상상하게 될까요? 굳이 대사나 텍스트가 없더라도 게임은 환경을 체험하게 함으로써 이야기를 전달할 수 있습니다.

'오브젝트'를 통한 스토리 전달 방법도 있습니다. 구석에서 찾아낸 일기장을 통해서 사건의 전말을 확인할 수도 있고 아이템에 새겨진 이니셜을 통해 이야기의 연결고리를 만들 수도 있습니다. 텅 빈 감옥 속에 떨어져 있는 부서진 장난감은 어린아이가 잡혀있던 곳임을 유추하게 해주지요. 거대한 성 앞에 있는 흉상은 해당 성의 주인이나 관련 있는 스토리와 연결되기도 합니다.

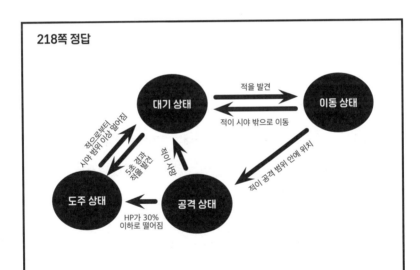

218쪽 정답

FSM 방식은 유니티나 언리얼 등 주요 게임 개발 엔진에서도 시스템화되어 있고 시나리오 기획자 입장에서 몬스터의 성격을 만들어 내기 유용하니 여러 형태로 구성해 보길 바랍니다.

니어 오토마타

먼 미래. 외계에서 온 기계 생명체들의 습격으로 인류는 달로 도망치고 지구를 탈환하기 위해 안드로이드 병사를 만들어 저항군을 조직합니다.

인류가 떠난 지구에서 안드로이드 요르하 부대와 기계 생명체들의 싸움이 벌어집니다. 게이머는 최초에는 요르하 부대의 2B라는 캐릭터로 플레이하게 되죠. 기계 생명체들과 사투 끝에 엔딩에 도달하게 되지만 이것은 새로운 이야기로의 전환점입니다. 다시 게임을 시작하면 다른 캐릭터로 플레이하게 되며 이는 2회차, 3회차에 이르러서도 계속됩니다.

결국 하나의 사건을 여러 시점을 통해 바라보면서 진실을 알아가게 되는데요. A엔딩, B엔딩을 순차적으로 거쳐 E엔딩에 도달하는 순간, 게이머는 거대한 철학적 질문을 마주하게 됩니다. 다중 엔딩을 통해 매번 새로운 층을 드러내고 다음 회차 플레이를 통해 조금씩 진실에 다가서는 방식이지요. E엔딩의 여운은 게이머라면 쉽게 잊기 힘들 것입니다.

사실 이 게임은 이전 시리즈에서 이어지는 스토리를 갖고 있습니다. 〈드래그 온 드라군〉 3부작과 〈니어 레플리칸트〉에서 이어지는 이야기인데요. 하지만 이 게임만 독립적으로 플레이해도 전혀 무리가 없습니다. 또한 멸망한 인간 문명을 돌아다니며 기계의 시점에서 느끼게 되는 인간의 문화와 생활 기록은 '왜 싸우는가', '인간이란 무엇인가'라는 질문에서부터 편견과 혐오에 대한 내용까지 우리 스스로를 돌아보게 합니다.

AI가 중요해진 세상에서 〈니어 오토마타〉의 스토리는 많은 것을 시사합니다. 워낙 스토리가 유명해서 애니메이션으로도 방영되었는데요. 당연한 이야기지만 내러티브 중심의 구조이기 때문에 게임으로 느낄 수 있는 감동을 애니메이션은 온전히 담아내지 못했습니다.

이 게임의 주요 캐릭터들은 '신념, 고독, 복수, 속죄, 친애, 의존, 증오, 생존' 등의 키워드가 설정되어 있으며, 이는 스토리에 담긴 철학적 메시지를 중심으로 조형되었음을 의미합니다. 게임 자체는 액션 게임이기에 가볍게 접할 수 있지만 그 안에 담고 있는 의미는 깊이 있는 작품이라고 할 수 있지요. 철학을 담은 스토리를 중심으로 게임 시나리오를 작성하고 싶다면 해볼 만한 게임입니다. 5회차 E엔딩까지 반드시 도달하기를 바랍니다.

스크립트와 다이얼로그

스토리보드

스토리보드는 다양한 분야에서 활용되고 있습니다. 다만 같은 용어로 호칭하지만 장르에 따라서 다루는 내용은 다릅니다. 영화, 드라마, 광고에서 말하는 스토리보드는 영상 연출을 중심으로 하는 형태를 취합니다. 만화에서 말하는 스토리보드는 콘티의 형식을 취합니다. 컷과 페이지 분배와 각 컷 안에서의 구도 등을 포함합니다. 가장 독특한 형태는 UI에서의 스토리보드인데요. 와이어 프레임이라고도 말하는 UI 간의 구성과 연결성을 중심으로 표현합니다.

이렇게 다양한 형태로 활용되는 스토리보드이지만 영화가 가장 대중적이므로 게임의 스토리보드 역시 영화와 비슷한 형식을 취합니다. 즉 게임의 스토리보드는 게임의 연출을 만들기 위해 활용되기 때

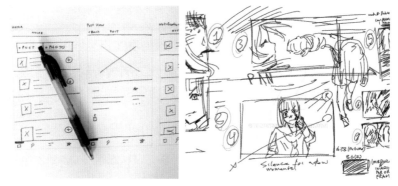

UI 스토리보드 & 만화 스토리보드

애니메이션 스토리보드

문에 영화 스토리보드나 UI 형식과 비슷합니다.

   게임의 스토리보드를 만들기 위해서는 우선 이야기를 나열합니다. 만화와 같은 컷 구성은 필요 없습니다. 게임은 한 화면 안에서 이루어지니까요. 나열된 이야기 중에서 강조점들을 정합니다. 모든 장면을 하나하나 지정할 수는 없으니까요. 각 장면을 어떻게 표현할지 생각하여 가벼운 스케치를 하고 대사를 적습니다. 대사는 스트링 테이블을 사용할 경우 인덱스 표시로 대체해도 무관합니다(107쪽 참조). 그런 다음 스케치한 장면을 3D로 생각해 보고 카메라의 방향과 연출을 지정합니다. 게임에서는 카메라를 여러 개 사용할 수 있으며 현실과 달리 오브젝트와 충돌하지 않으므로 제약이 거의 없습니다. 인물이 등장하는 장면이라면 캐릭터의 종류와 모션, 표정 등을 표기하며 필요한 오브젝트와 프랍, 환경 등을 별도로 리스트업합니다. 마지막으로 사용할 이펙트와 사운드를 표기하면 스토리보드가 완성됩니다.

정리하면 게임의 스토리보드는 영화의 연출형 스토리보드와 비슷해 보이지만 표정과 모션, 환경과 빛까지 모든 게 리스트업되어야 한다는 점에서 차이를 보입니다. 장면 연출을 위해 필요한 제작 항목을 좀 더 꼼꼼하게 작성한다고 생각하면 됩니다.

대화 장면 다이얼로그

대다수의 게임에는 캐릭터끼리 대화하는 장면이 등장합니다. 이를 '다이얼로그'라고 합니다. 다이얼로그의 사전적인 의미를 찾아보면 '연극이나 영화에서 인물들 사이에 이루어지는 대화'라고 나와 있습니다. 게임 시나리오는 게이머가 게임 플레이를 통해 직접 경험하는 것 외에 캐릭터 간의 대화를 통해 상당 부분 전달됩니다. 시나리오 기획자가 하는 업무 중 떠오르는 일 중 하나가 바로 이 대화 장면의 다이얼로그를 작성하는 일입니다.

기본적으로 대부분의 게임은 대화 형태로 스토리를 전달합니다. 대화 장면을 만든다면 다양한 것들을 기획해야 할 텐데요. 우선 대사에 집중해 봅시다.

게임에서 대사의 전달은 일반적인 연극, 영화, 소설과는 다릅니다. 게임의 대사는 이중적이기 때문입니다. 게임 내 캐릭터에게 정보를 전달하는 한편 게임을 플레이하는 게이머에게도 정보를 전달하는 거죠. 이 두 가지 정보는 같아 보이지만 전혀 다르게 느껴질 수 있습니다. 이 개념이 어렵다면 TRPG를 플레이해 보길 바랍니다. TRPG는 게임을 하는 플레이어 각자가 자신의 캐릭터를 연기하는 형태이므로 게이머가 알고 있는 사실과 캐릭터가 알고 있는 사실을 구분하는 방법을 배울 수 있습니다.

대화 장면에서 중요한 것은 캐릭터가 아닌 게이머입니다. 전달해야 할 내용이 잘 전달되었는지가 가장 기본적이고 중요한 요소라고 할 수 있습니다. 또 하나, 대사에서 중요한 것은 캐릭터를 표현하는 것입니다.

A : 안녕하시오.

B : 안녕하십니까?

C : 안녕하세요.

D : 안녕한가요.

위 네 가지 인사말을 보면 캐릭터가 어떤 느낌인지 보입니다. 나이 든 말투도 있고 군인의 말투도 있죠. 이처럼 대사는 캐릭터를 표현할 수 있어야 합니다. 가장 쉽게 검증하는 방법은 화자를 가리고 내용을 읽어보는 것입니다. 말투가 모두 같다면 대사를 통해 개성을 나타내지 못하고 있다고 볼 수 있습니다.

쉬운 방법은 어미를 달리 하는 거지만 이 외에도 여러 방법이 있습니다. 말을 길게 하는 사람이 있는가 하면 짧게 하는 사람도 있을 것이고, 주어를 빼고 말한다거나 중요한 단어를 두 번씩 말할 수도 있습니다. 다소 작위적일 수 있지만 개성을 부여해야 하는 캐릭터라면 최대한 다양하게 표현해 보세요. 대사뿐 아니라 대사의 배치에서도 개성을 줄 수 있습니다. 예를 들어 B캐릭터는 A캐릭터가 말할 때마다 끼어들지만 다른 캐릭터가 말할 때는 조용한 성격일 수도 있습니다. 이처럼 특정 상황이나 특정 인물과 대화할 때만 텐션이 달라지게 하여 캐릭터의 개성을 표현해 보는 겁니다.

다이얼로그는 게임에 따라 여러 가지 형태로 구성되지만 화면에 캐릭터와 대사창이 표시되고 대사창 안에 텍스트가 출력되는 형태가 많이 사용됩니다. 이 외에 만화처럼 말풍선을 사용한다거나 영화처럼 연출되기도 합니다.

게임에 등장하는 캐릭터 간의 대화 장면을 떠올려 봅시다. 아무 게임이나 좋습니다. 눈에 보이는 것은 무엇입니까? 화면 안에 캐릭터들이 서 있거나 얼굴이 표시되어 있을 것이고 대사창이 배치되어 있을 것입니다. 말풍선 형태일 수도 있고 하단에 공용으로 사용하는 긴 텍스트 창일 수도 있겠지요. 이 상태로 텍스트만 계속 바뀌면 여러분이 알고 있는 대화 장면이 완성될까요? 이대로 만들어진다면 밋밋하겠죠? 그렇다면 어떤 것들이 추가되어야 할까요?

우선 캐릭터에 집중해 봅시다. 캐릭터가 허수아비처럼 서 있고 대화창에 대사가 이어진다면 게이머는 글을 읽는 느낌밖에 들지 않을 것입니다. 그렇기에 캐릭터는 계속 움직이고 표정을 바꿔줘야 합니다. 여기에서도 게임만의 특징을 알 수 있습니다. 영화나 드라마 대본은 지문을 통해 동작이나 감정에 대한 지시를 하긴 하지만 디테일한 연기는 연기자 개개인의 역량과 해석에 따라 달라집니다. 하지만 게임 캐릭터는 스스로 연기할 수도 없고 감정을 갖지도 못합니다. 그래서 대화 장면을 만드는 사람이 어떤 타이밍에 어떤 표정을 짓고 무슨 동작을 취해야 하는지 하나하나 정해 주어야 합니다.

동작에 있어서도 화를 내는 동작, 기뻐하는 동작처럼 가볍게 작성할 것이 아니라 주먹을 쥔 팔을 좌우로 휘두른다.거나 양 팔을 위로 들고 제자리에서 점프를 한다.라는 식으로 동작을 자세히 설정해야 합니다. 물론 실제 작업 시에는 이미 정해져 있는 모션과 표정 중에서 선택하는 경우가 더 많습니다.

자, 그러면 캐릭터가 움직이고 표정도 짓는다고 해봅시다. 이제 대화 장면은 훨씬 더 자연스러워졌습니다. 하지만 아직 부족한 부분이 있습니다. 그중 하나가 사운드입니다. 비단 캐릭터의 음성뿐만 아니라 발소리, 문소리, 비 오는 소리 등 대화 장면을 몰입감 있게 연출할 수 있는 사운드 이펙트들이 필요합니다.이 외에 눈으로 볼 수 있는 이펙트도 추가되어야 할 것입니다.

대사가 나오는 텍스트 박스 안에는 추가할 게 없을까요? 중요한 문구를 조금 더 잘 보이도록 특정 단어에 색상을 넣거나 캐릭터의 감정 표현을 위해 특정 대사를 좀 더 크게 출력할 수도 있습니다. 이 모든 걸 갖추더라도 여전히 아쉽다면, 카메라의 위치를 변경하는 방법도 있습니다. 이처럼 게임의 대화 장면에는 많은 요소가 있고 이 모든 걸 적절하게 표현할 수 있어야 합니다.

연극이나 공연 대본과 달리 게임 시나리오는 엑셀을 주로 사용합니다. 엑셀에서의 행은 시간의 흐름에 따라 넘어가고, 열은 출력할 캐릭터, 캐릭터의 표정, 캐릭터의 모션, 사운드 이펙트, 대사 내용, 카

Time	Character	Expression	Motion	Dialogue	Text Highlight	SFX
0:00	아르민	평범한 표정	허리를 약간 구부려 고개를 갸웃함	촌장님, 저희를 부르셨다면서요?	기본 출력	잔잔한 바람 소리
0:03	촌장	심각한 표정	두 손을 등 뒤에 모으고 고개를 끄덕임	그래. 마을에 위기가 찾아왔다네.	'위기'를 붉은 색으로 표시	효과음: 저음 긴장음
0:08	리라	놀란 표정	양손을 입가로 모아 놀라는 동작	위기라니요? 어떤 위기인가요?	'어떤 위기' 확대 출력	효과음: '깜빡!'
0:12	촌장	심각한 표정	고개를 살짝 숙이며 한 걸음 물러남	숲 속 괴물들이 마을로 몰려오고 있어.	'숲 속 괴물' 강조	효과음: 긴장된 발소리
0:18	아르민	결의에 찬 표정	주먹을 꽉 쥐고 앞으로 한 걸음 나아감	걱정 마세요! 저희가 해결하겠습니다.	'해결하겠습니다'를 확대 출력	효과음: 발소리

H	I	J	K	L
BGM	Camera Position	Camera Movement	Visual Effects	Ambient Sound
잔잔한 배경음	플레이어 캐릭터 중심, 기본 뷰	고정	없음	잔잔한 바람 소리
잔잔한 배경음	촌장의 상반신 클로즈업	천천히 줌 인	텍스트 박스 살짝 진동 효과 추가	바람 소리 약간 증가
긴장감 있는 저음 배경음으로 변경	리라 중심으로 카메라 이동	팬 이동	화면에 빛이 약간 깜빡임	바람 소리 유지
긴장감 있는 저음 배경음 유지	촌장 중심으로 카메라 확대	줌 인	배경 어두워짐 효과 추가	바람 소리와 긴장된 소리 섞임
긴장된 저음 배경음 약간 낮추기	캐릭터 세 명을 모두 포함하는 줌 아웃	줌 아웃	화면 밝아지며 빛 효과 추가	바람 소리 유지

M	N	O	P	Q
Background Description	Director Notes	Dialogue Timing	Text Animation	Voice Acting
평화로운 마을 광장. 꽃과 나무가 조화를 이룬 풍경.	캐릭터를 강조하기 위해 화면 중심부 조명 강화	3초	페이드 인	voice_armin_001.wav
마을 중심부, 촌장이 서 있는 마당 중심	촌장의 표정을 강조하기 위해 화면 중심으로 조정	4초	페이드 인	voice_elder_001.wav
리라가 촌장 왼편에 서 있는 모습. 배경에는 나무와 돌담이 보임.	긴장감을 위해 리라 주변 조명을 약간 어둡게 조정	3초	타이핑 효과	voice_rira_001.wav
촌장 뒤 배경에 나무와 어두운 그림자 표현	촌장의 뒤쪽 배경 어둡게 설정해 공포감 부각	5초	페이드 인	voice_elder_002.wav
마을 광장, 밝은 조명 아래 캐릭터들이 모여 있음	아르민 중심으로 화면 전체 조명 밝기 증가	4초	타이핑 효과	voice_armin_002.wav

R	S	T	U	V	W	X
Expression Transition	Lighting Effects	Scene Transition	Character Position	Item Interaction	UI Changes	Character Distance
빠르게(0.5초)	없음	페이드 아웃 후 정지 화면으로 전환	화면 중앙, 살짝 왼쪽	없음	텍스트 박스 투명도 50%	2m 유지
천천히(1초)	촌장에게 스포트라이트 추가	페이드 아웃 후 다음 대사로 전환	화면 오른쪽 중앙	없음	텍스트 박스 살짝 확대	1.5m로 감소
빠르게(0.5초)	리라 주변 밝기 약간 증가	페이드 인 후 줌 아웃으로 전환	화면 왼쪽 중앙	없음	없음	1.5m 유지
천천히(1초)	촌장에게 스포트라이트 유지	페이드 아웃 후 적 등장 화면 전환	화면 오른쪽 중앙	없음	텍스트 박스 크기 유지	1.5m로 감소
천천히(1초)	아르민 주변 밝기 20% 증가	페이드 인 후 전투 준비 장면 전환	화면 중앙	없음	텍스트 박스 크기 유지	2m 유지

게임에서 대화 장면은 이런 형태로 정리됩니다.

메라 등으로 구성합니다. 그리고 궁극적으로 이 표의 셀에 들어갈 내용은 대체로 파일명이거나 인덱스가 됩니다.

반복해서 말하지만 이 책에서 제공되는 샘플이나 예시는 정답이 아닙니다. 회사나 소속 팀에 따라 또는 게임의 구조에 따라 칼럼의 내용과 항목은 달라질 수 있습니다. 다만 최대한 자세히 눈에 보이는 것과 상상하는 것들을 표로 정리해 보세요. 평소 게임을 하면서 보이지 않던 것까지 시야가 넓어질 것입니다.

비주얼 노벨 게임의 학습 효용

초창기에 게임을 만들던 사람 중 누군가는 이런 생각을 했을 겁니다. '소설의 재미를 게임으로 구현할 수는 없을까?'

이 고민을 시작으로 소설을 디지털 화면으로 읽게 만들고 거기에 효과음과 소리를 추가했습니다. 하지만 캐릭터들을 그려 넣지는 않았어요. 소설의 핵심 재미는 인물을 상상하는 거라 여겼기 때문입니다. 이렇게 나온 게임이 〈카마이타치의 밤〉 사운드 노벨이었습니다.

여기에서 한 단계 더 나아가 사운드가 아닌 인물을 그려 넣는 시도가 있었고 우리가 알고 있는 비주얼 노벨 게임들이 나오기 시작했습니다. 비주얼 노벨이 어떤 게임인지 잘 모르겠다면 다음의 이미지를 살펴보길 바랍니다. 화면 안에 배경과 캐릭터가 있고 대사가 텍스트로 표기되면서 스토리가 진행되는 장르입니다. 소설이 아닌 게임이기 때문에 게이머의 개입에 따라 내용이 변화합니다.

비주얼 노벨 대표 이미지

　그런데 이 화면 어딘지 모르게 익숙하죠? 사실 대부분의 게임에서 대화씬은 비주얼 노벨의 형태를 취합니다. 게임의 텍스트는 대사 형태로 전개되고 화자는 다양한 표정과 동작을 취하죠.

　이런 대화 장면은 누가 만들까요? 네, 시나리오 기획자입니다. 그래서 저는 게임 시나리오 기획을 지망하는 분들에게 비주얼 노벨을 만들어 보기를 권합니다. 머리로는 이해했어도 직접 해보면 더 많은 것을 알게 되기 때문입니다.

　비주얼 노벨은 텍스트를 하나하나 출력해야 합니다. 어느 시점에서 끊어 읽어야 하는지 UI에는 몇 글자가 나오는지도 확인해야 합니다. 폰트 크기나 텍스트가 나오는 속도와 연출도 신경써야 하죠. 배경과 캐릭터 이미지도 띄워야 하는데 캐릭터의 경우 좌표나 스케일 등의 개념이 필요하고, 상황에 따라 표정이나 동작도 달라져야 합니다.

리소스를 2D 이미지로 하는지, 스파인이나 라이브2D를 하는지, 3D로 하는지에 따라 처리 방법도 다릅니다. 배경이 변할 때는 갑자기 바뀌기보다는 서서히 흐려지면서 바뀌는 등의 연출이 사용되겠지요. 여기에서 끝이 아닙니다. 화면이 번쩍인다거나 눈이 내리는 등의 연출이 필요하고 사운드와 효과음까지 넣어야 합니다. 대부분의 시나리오 기획 지망생들은 자신의 업무가 글을 쓰는 것이라고 오해하는데 간단한 비주얼 노벨이라도 직접 만들어 보면 게임 시나리오 기획자가 어떤 일을 해야 하는지 개념을 잡을 수 있습니다.

그래픽과 사운드 리소스 관리와 용량에 대한 개념도 잡히고 무엇보다 스크립트에 익숙해집니다. 비주얼 노벨 툴은 대부분이 인터프리터로 이루어지는데, 코드를 위에서 아래로 한 줄씩 읽어 내려가며 처리하는 방식입니다. 요즘 게임은 객체 지향을 사용하고 있지만 단일 스크립트 내에서는 인터프리터 방식을 사용하기 때문에 이를 이해하는 것도 중요합니다.

인터프리터 형태의 스크립트를 학습하기에 가장 좋은 것은 비주얼 노벨의 꽃인 '선택지'입니다. 선택지에 따라서 몇 줄을 건너뛰는 고전적인 방식을 사용하는 툴이라면 스크립트의 순서와 구성을 익히기에 더욱 좋습니다.

> **Example** 렌파이 예시
>
> "아이엠배트맨"을 선택하면 label batman:으로 건너뛰고
>
> "파인 땡큐 앤듀?"를 선택하면 label korean:으로 건너뛴다.

```
1    # 이 파일에 게임 스크립트를 입력합니다.
2
3    # image 문을 사용해 이미지를 정의합니다.
4    # image eileen happy = "eileen_happy.png"
5
6    # 게임에서 사용할 캐릭터를 정의합니다.
7    define e = Character('아이린', color="#c8ffc8")
8
9
10   # 여기에서부터 게임이 시작합니다.
11   label start:
12
13       e "새로운 렌파이 게임을 만들었군요."
14
15       e "이야기와 그림, 음악을 더하면 여러분의 게임을 세상에 배포할 수 있어요!"
16
17       return
18
```

인터프리터 방식의 렌파이 예제 스크립트

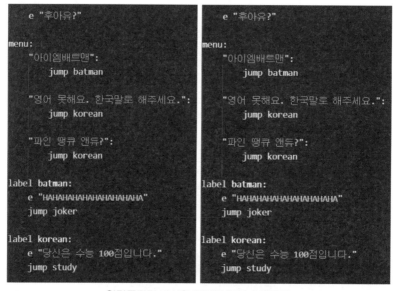

```
    e "후아유?"

menu:
    "아이엠배트맨":
        jump batman

    "영어 못해요. 한국말로 해주세요.":
        jump korean

    "파인 땡큐 앤유?":
        jump korean

label batman:
    e "HAHAHAHAHAHAHAHAHAHA"
    jump joker

label korean:
    e "당신은 수능 100점입니다."
    jump study
```

```
    e "후아유?"

menu:
    "아이엠배트맨":
        jump batman

    "영어 못해요. 한국말로 해주세요.":
        jump korean

    "파인 땡큐 앤유?":
        jump korean

label batman:
    e "HAHAHAHAHAHAHAHAHAHA"
    jump joker

label korean:
    e "당신은 수능 100점입니다."
    jump study
```

인터프리터 방식의 렌파이 예제 스크립트

여기까지만 읽어도 비주얼 노벨을 만들면서 배울 수 있는 점이 많다고 느껴질 텐데요. 길게 설명했지만 제 말의 핵심은 앞서 말한 것처럼 대부분의 회사에서 여전히 대화 장면에 이 방식을 사용한다는 겁니다. 대화 장면이 많은 게임은 다이얼로그 작성 담당을 별도로 두기도 할 정도죠. 그러다 보니 취업이나 이직에 있어 포트폴리오로서의 가치도 높다고 볼 수 있습니다.

또 한 가지 솔깃한 이야기를 하자면, 학습을 위한 개발이 게임 출시로까지 이어질 수도 있다는 것입니다. 간단한 스크립트를 익히고 이미지만 확보한다면 개발 난이도가 매우 낮은 게임이니까요. 모든 콘텐츠가 그렇듯 직접 만들어 보면 시야가 달라집니다. 어떤가요? 솔깃하지 않나요?

UI 스크립트, 서버와 클라이언트

UI에는 많은 글자가 들어갑니다. 이 또한 시나리오 기획자가 작성해야 하는 부분이지요. 퀘스트 창이라면 퀘스트의 제목과 목적, 보상, 이야기가 들어갈 것입니다. 상태 창이라면 캐릭터 각 능력치의 이름과 수치가 적혀 있겠지요.

시나리오 기획자가 UI에 들어갈 내용을 작성할 때 고려해야 할 점이 있습니다. UI에 표시되는 텍스트 중에는 클라이언트에서 그대로 데이터를 반영하는 부분과 서버에 있는 데이터를 가져와서 출력하는 부분이 혼재되어 있다는 점입니다. 전자는 여러분이 게임을 설치한 파일 안에 데이터가 있다는 이야기입니다. 반면 후자는 네트워크를 통해서 서버에 저장된 값을 출력한다는 말이지요. 예를 들어보겠습니다. 아이템 설명 창이라고 가정해 봅시다.

> 작은 회복 포션
> 사용 시 30의 HP를 회복한다.

이 내용의 대부분은 클라이언트에 저장되어 있어도 괜찮을 것입니다. 서버에서 가져오는 부분은 단 한 부분입니다. 어디일까요? 정답은 '30'입니다. 이 수치는 아이템의 데이터 값을 참조합니다. 즉 이 게임의 '작은 회복 포션'의 데이터 테이블에 30이라는 수치가 명시되어 있을 거라는 말이죠. UI에 표기되는 텍스트에서 사용 시와 의 HP를 회복한다.는 글자 사이에 데이터 참조 표시를 넣어두겠지요. 말하자면 이런 식으로 표현할 수 있습니다.

> 사용 시 (#value)의 HP를 회복한다.
> #value = Item Table의 main_value 항목 참조

이렇게 하는 이유는 데이터 수치는 변경될 가능성이 있기 때문입니다. 게임의 밸런스 조정 등을 위해 패치가 진행될 경우 게임에 있는 모든 수치는 변경될 수 있습니다. 회복 아이템의 회복량뿐 아니라

공격력, 방어력이나 레벨에 따른 성장 계수, 아이템의 가격과 드랍률, 스킬의 효과 등 모두 변경될 수 있는 값입니다. 그러다 보니 상황에 따라 변동되는 값들은 서버에 있는 값을 참조해야 하는 것입니다. 그렇게 하지 않는다면 어떻게 될까요? 패치를 통해서 회복 포션의 회복량을 50으로 높여도 아이템 설명에는 여전히 사용 시 30의 HP를 회복한다.라고 적혀 있겠죠.

서버에서 데이터를 가져오는 또 다른 이유는 데이터 변조 때문입니다. 클라이언트에 30이라는 값이 들어있다면 이 게임 파일을 분석하거나 해킹해서 숫자를 마음대로 바꿀 수 있을 겁니다. 30을 3,000이나 30,000으로 수정하여 게임 밸런스를 망가뜨릴 수도 있고 이를 통해 부당한 이득을 얻거나 다른 게이머에게 불편을 줄 수도 있습니다. 이런 이유로 UI에 표기되는 내용 중 일부는 서버에 있는 값을 참조해야 합니다. 대체로 숫자와 계산값은 서버 데이터를 참조한다고 생각해도 좋습니다.

이 외에 회복 아이템이 '즉시' 회복하는 것, '서서히' 회복하는 것, '10초 후에' 회복되는 것이 있다면 이런 항목 또한 서버에서 데이터값을 참조해야 할 것입니다. 역시 변조되어서는 곤란한 부분이니까요.

아이템 설명을 예시로 들었지만 모든 UI 출력 텍스트는 이처럼 클라이언트와 서버 두 가지로 구분되거나 혼재되어 있습니다. 이를 이해하지 못한 채 텍스트를 작성한다면 오류가 있을 수밖에 없습니다. 평소 좋아하는 게임의 UI 창을 열고 한번 구분해 보기를 바랍니다.

게임 사례

슈타인즈 게이트

비주얼 노벨 장르에서 〈페이트 스테이 나이트〉 이후로 가장 성공한 게임 인 〈슈타인즈 게이트〉는 시간 여행을 소재로 하고 있습니다. 자칭 중2병인 매 드 사이언티스트 오카베는 미래 가제트 연구소라는 곳에서 다양한 발명품을 만듭니다. 그러던 중 우연히 타임머신 개발에 성공하고 이를 통해 엄청난 사 건이 발생합니다. 오카베는 사건을 막기 위해 몇 번이고 과거로 시간 여행을 떠나지요.

일단 이 게임은 다소 진입 장벽이 있습니다. 시간 여행에 대한 이론과 논리 를 텍스트로 풀어내고 있거든요. 이에 대한 거부감을 완화해 주는 것이 주인 공과 주변 인물들의 개그입니다. 독특한 말투와 오타쿠에게 어필할 수 있는 단어들을 사용해 타깃을 명확히 하고 있죠.

이 게임은 다른 비주얼 노벨과 달리 선택지가 존재하지 않습니다. 따라서 선택에 대한 스트레스를 받지 않는다는 장점도 있습니다. 그렇다면 일방향으로 이야기가 전개되는 걸까요? 그렇지 않습니다. 게임 중 휴대폰으로 메시지가 계속 오는데 이를 언제 확인하는지 답장을 어느 타이밍에 하는지에 따라 이야기가 변합니다. 사소하다고 생각하는 행동이 스토리에 영향을 주게 되며, 이 시스템 자체가 게임에서 다루는 철학을 그대로 투영해 주는 내러티브 요소가 되지요.

자칫 일방향으로 오해받을 수 있는 스토리는 순차적인 사건 발생과 단서 전달을 통해 몰입감을 유지하게 하고 시간 여행을 주요 소재로 하는 작품인 만큼 현재의 사소한 대사 한 줄이 이후에 중요한 단서가 되기도 합니다. 텍스트를 가벼이 넘길 수 없게 하는 요소이기도 하지요. 비주얼 노벨이라는 어느 정도 굳어진 장르에서 이런 다양한 시도를 할 수 있는 것은 시나리오를 전달하기 위한 방식을 치밀하게 고민했음을 시사합니다.

외전과 후속작, 프리퀄을 소재로 한 게임도 있으니 본편의 이야기를 즐기고 나면 이를 해봐도 좋고 애니메이션 등 콘텐츠로 감상할 수도 있습니다. 다른 작품과 달리 이런 OSMU One Source Multi Use가 유용한 것은 '시간 여행'이라는 소재와 게임 속에 등장하는 '세계선'이라는 설정 때문입니다. 그 어떤 다른 이야기가 나오더라도 〈슈타인즈 게이트〉 IP 안에 담긴 이야기로 받아들여질 테니까요.

매번 비슷한 구성이라서 비주얼 노벨에 흥미를 잃었다면 철학을 담은 이야기와 이를 반영한 시스템의 작은 변화만으로도 완전히 다른 내러티브를 전달하는 〈슈타인즈 게이트〉를 추천합니다.

연출하기

앞서 이야기해 온 것처럼 게임 시나리오는 단순히 텍스트만으로 전달되지 않습니다. 거대한 던전 입구 앞에 서자 왠지 모를 기이한 느낌이 감돌았다.와 같은 표현을 텍스트로 표현할 수도 있지만, 게임에서 더 좋은 것은 시각과 청각을 이용한 연출입니다. 수십에서 수백 줄의 텍스트가 연출 하나로 전달되기도 합니다.

게임 시나리오 기획자는 시나리오를 게이머에게 전달하는 수많은 방법을 고민해야 하므로 당연히 연출에 대해서도 알고 있어야 합니다. 여기서는 이펙트, 사운드, 카메라, 텍스트 연출, 캐릭터 연출로 나누어서 가볍게 짚고 넘어가도록 하겠습니다.

이펙트 기획하기

의외로 이펙트를 모르는 분이 많습니다. 특히 게이머 입장에서 게임을 했다면 매번 보면서도 이에 대해 인지하지 못하고 있습니다.

이펙트란 쉽게 말해 화면 안에서 반짝이는 시각적 효과입니다. 게임을 개발하는 직군 중에는 이펙터라는 직업이 따로 존재할 정도로 게임에는 많은 이펙트 작업이 들어갑니다. 이를테면 적을 때렸을 때 적의 몸 위에 나타나는 타격 마크라던가, 회복 약을 먹었을 때 몸 주변에 감도는 빛이라던가, 빠르게 달릴 때 몸에 생기는 잔상 같은 것을 의미합니다. 시나리오 기획자 입장에서 이펙트는 내용을 전달하는 데 있어 게이머의 감정을 자극하거나 인지를 높이거나 행동을 유도하기 위해 사용됩니다.

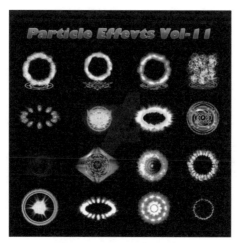

게임에서 보이는 이펙트들

시나리오 기획자 기준에서 이펙트를 기획하는 방법은 그저 상상하면 됩니다. 다만 고려해야 하는 몇 가지 있습니다.

고려 사항1: 이펙트의 슬롯

슬롯은 '이펙트가 표현되는 위치'를 말하는데 게임에 따라서는 캐릭터의 이펙트 슬롯 위치가 고정되기도 합니다. 즉 정해진 위치에서만 이펙트가 출력된다는 말입니다. 캐릭터가 궁금해하는 감정을 표현하기 위해 물음표 이모티콘을 이펙트로 띄운다고 해봅시다.

어디에 물음표를 띄우고 싶은가요? 일반적으로는 캐릭터의 머리 위겠지요. 그렇다면 캐릭터의 머리 위에 감정 표현 이펙트 슬롯이 있다고 이해하면 됩니다. 평소 게임을 하면서 캐릭터 이펙트가 어느 위치에서 출력되는지 확인해 보세요. 슬롯의 위치는 캐릭터 속에 박혀 있을 수도 있고 캐릭터를 중심으로 일정한 높이 위에 떠 있을 수도 있습니다. 슬롯의 위치에 따라 표현하는 이펙트의 형태가 달라질 것입니다.

고려사항2: 이펙트의 공용성

일반적으로 생각하면 캐릭터, 상황, 배경에 따라 따로 이펙트를 주는 걸 상상하겠지요. 하지만 게임 개발에서 그렇게 한다면 이펙트 리소스가 과도하게 많아질 것입니다. 이는 작업 효율에도 영향을 주게 되므로 가급적이면 하나의 이펙트를 여럿이 돌려쓸 수 있도록 무난한 형태를 취하는 것이 좋습니다. 이때 색상에 주의해야 하는데요.

붉은색 이펙트는 붉은 화산 지대에서는 잘 안 보일 수 있습니다. 파란색 이펙트는 파란 바다 지역에서는 잘 안 보일 수 있고요. 공용으로 쓰는 이펙트는 어디에서나 사용될 수 있으므로 어떤 상황에서도 인지하기 쉬운 색상이나 연출을 생각하는 편이 좋습니다.

고려 사항3: 이펙트 시간

적을 때렸을 때 몸에 번쩍이는 타격 마크는 몇 초간 보였다가 사라져야 할까요? 처음에는 0.1초 단위로 생각하는 것이 좋습니다. 이 시간에 맞춰 이펙트 작업이 이루어질 수 있도록이요.

시간 외에 크기도 중요하지 않느냐고 생각할 수 있지만 크기는 쉽게 조절할 수 있습니다. 따라서 몇 초짜리 혹은 몇 프레임의 이펙트인지를 정해 내용을 묘사하면 될 것입니다.

이펙트 예시

이름	GE_QuestiongMark
슬롯	Head_Up_01(캐릭터 머리 위 슬롯)
재생	루프(중단 신호가 들어올 때까지 반복)
동작	위 아래로 통통 튀면서 스케일이 커졌다가 작아졌다를 반복
시간	통통 튀기: 0.4sec 스케일 변경: 0.3sec

사운드 기획하기

사운드 기획은 좀 더 명확하게 말하자면 사운드 작업을 위해 전달해야 할 내용을 정리하는 것입니다. 크게 BGM과 SE가 있습니다.

BGM은 배경음악이라 생각하면 됩니다. 게임하는 내내 반복해서 들리는 멜로디이므로 지루하면 안 됩니다. 어떤 BGM을 만들어야 할지는 사운드 전문가가 아닌 이상 디테일하게 표현하긴 어려울 것입니다. 시나리오 기획자로서 표현할 수 있는 건 분위기 정도죠. 이 장면에서는 긴장감이 돌아야 한다거나 이 스테이지의 BGM은 신비로운 느낌이 들어야 한다거나 어떤 장면에서는 격렬하게 고양심을 일깨워야 한다는 등의 의도와 목적, 혹은 상상하는 분위기를 텍스트로 전달하면 됩니다. 때에 따라서는 러닝타임을 지정할 수도 있겠지만 용량이나 기타 문제가 없다면 전문가에게 맡기는 것이 좋습니다.

시나리오 기획자가 오히려 집중해야 하는 것은 SE, 즉 사운드 이펙트라고 하는 다양한 효과음입니다. 숲속 스테이지에서 나오는 새 소리나 시냇물 소리 같은 환경음에서부터 적을 때렸을 때 나오는 타격 소리나 비명, 버튼을 눌렀을 때 들리는 딸깍 소리까지 모두 SE로 구분합니다. 일부 효과음은 분위기나 현장감을 살리는 용도로 사용되지만 행동을 유도하기도 합니다. 예를 들어 특정 문 앞에서만 살려달라는 소리가 들린다면 아마 그 문을 열어보지 않을까요?

SE의 또 한 가지 목적은 피드백입니다. 캐릭터가 움직였을 때 발소리가 난다면 게이머는 자신의 조작에 대한 피드백을 얻은 셈이지요. 이렇게 SE는 중요하게, 그리고 다양하게 활용됩니다.

　SE의 기본적인 기획은 BGM과 유사합니다. 의도나 목적을 기술하면 되는데요. 다만 신경 써야 하는 것이 3가지 있습니다.

　첫 번째는 SE의 볼륨입니다. SE마다 기본 음량의 크기가 달라야 합니다. 쿵쿵 거리는 소리도 크게 쿵쿵 거리는 것과 작게 쿵쿵 거리는 것이 있을 텐데, 이는 SE 하나하나의 음량을 신경 쓴다기보다 다른 SE와 비교해서 어떤 소리가 어느 정도로 더 클지를 정리하면 됩니다.

예시: Scene 13에서의 볼륨 처리

기본 BGM	10	고정값이며 기준값
피격음	15	
근거리 타격음	13	
원거리 타격음	11	
심장 소리	20	HP 20% 이하인 동안 루프
추적자의 발소리	11~30	적과의 거리 1m당 볼륨 1 조절 거리 1m 미만일 때 30 거리 20m 이상일 때 발소리 삭제

　두 번째는 SE의 길이입니다. BGM과 달리 SE는 반복되어 나오는 것이 아니라 게임 플레이나 스토리 장면 중간에 등장합니다. 따라서 너무 길면 다른 장면까지 침범하게 되고 너무 짧으면 느낌이 잘 살지 않지요. 예를 들어 검을 휘두를 때 공기를 가르는 소리를 SE로 넣는다고 상상해 봅시다. 검은 이미 다 휘둘렀는데 공기를 가르는 소

리가 들려도 곤란하지만, 아직 검을 휘두르고 있는데 소리가 끝나도 이상하지요. 물론 이렇게 이펙트나 모션에 붙이는 SE라면 이펙트의 출력 시간과 동일하게 하거나 그보다 짧게 하면 되지만 그렇지 않은 경우라면 시간을 지정해 주어야 할 것입니다.

세 번째는 SE의 적용 타이밍입니다. 타이밍이 어긋나면 없으니만 못하니까요.

이 세 가지를 잘 감안해서 리스트를 작성하되 BGM과 SE 모두 공통적으로 들어가는 부분이 있습니다. 바로 사운드 레이어입니다. 게임은 게이머의 움직임을 예측할 수 없습니다. 따라서 BGM과 함께 동시에 여러 개의 SE가 나오는 경우가 있는데요. 이때 모든 SE를 출력할 것인지 아니면 우선순위에 따라 몇 개까지 출력할 것인지를

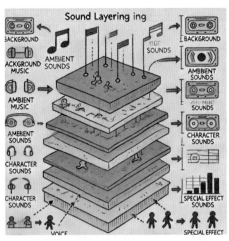

사운드 레이어의 개념. 어느 소리가 더 크게 들리는가

정해야 합니다. 동시에 여러 개를 출력한다면 각각의 볼륨도 차이가 나야겠지요. BGM보다 SE가 더 잘 들려야 하고요. 여기서 우선순위나 볼륨에 차이를 두는 것이 사운드의 레이어입니다.

일반적으로 BGM은 제일 아래에 깐다고 생각하면 되고, 그 위에 환경 관련 SE, 행동 관련 SE, 시스템 관련 SE 순으로 둡니다. 이 세 가지에 해당하지 않는 사운드도 물론 있을 것입니다. 직접 상상하며 우선순위를 정해보면 되겠습니다.

카메라 연출 기획하기

우리가 보는 게임 화면은 설정한 카메라를 통해 전달됩니다. 즉 카메라는 시각적인 요소를 전달하는 가장 기본적인 방식이죠.

많은 게임이 다양한 카메라 연출을 활용하고 있지만 카메라가 고정되어 있어 기본 뷰가 정해진 게임도 있습니다. 따라서 시나리오 기획자는 각 게임에서 어느 수준까지 연출할 수 있는지를 파악하는 것이 최우선입니다.

일반적인 카메라 연출은 영화에서의 연출과 유사합니다. 같은 장면이라도 카메라의 방향이 다르면 전혀 다른 느낌을 줍니다.

같은 상황이라도 카메라 방향에 따라 느낌이 다르다.

그런데 게임의 특징 중 하나는 카메라의 실체가 없다는 거죠. 즉 여러 개의 카메라를 추가해서 각각 다른 시점에서 연출할 수도 있고 물체나 벽을 투과시킬 수도 있습니다. 각각의 카메라는 이동과 회전이 자유롭고 같은 위치를 보고 있더라도 확대와 축소가 가능합니다. 또한 자동으로 특정 대상을 추적하도록 설정할 수 있으며 하늘 끝까지 올라가서 세계를 내려다보게 할 수도 있습니다. 말 그대로 상상할 수 있는 연출은 모두 가능하다고 생각하면 됩니다.

카메라로 할 수 있는 연출은 다양하지만 게임에 따라서는 연출이 전혀 없는 고정된 화면을 사용하는 경우도 많습니다. 따라서 디테일한 카메라 연출을 여기에서 다룰 필요는 없을 것 같습니다. 가장 기본적인 줌인과 줌아웃 정도만 살펴보겠습니다.

❖ 줌인

카메라에 비친 특정 대상을 확대하는 것을 의미합니다. 화면 전체를 확대할 수도 있지만 특정 지점을 확대하는 것도 가능합니다. 게임 중 꼭 획득해야 하는 아이템을 확대해서 알려준다거나 캐릭터의 얼굴을 확대해서 표정을 보여주는 형태로 사용할 수 있습니다. 먼 거리에서 보이는 찡그린 표정과 확대해서 보이는 찡그린 표정은 동일한 표정 리소스를 사용하더라도 전혀 다르게 전달되지요.

❖ 줌아웃

줌인과 반대로 특정 지점에서부터 카메라가 멀어지고 화면이 축소되는 것을 의미합니다. 주변 환경이나 상황이 중요할 때 사용되며 장대한 오픈월드 게임에서는 넓은 맵을 보여주기 위해 사용할 수도 있습니다. 여럿이 함께 등장하는 장면에서 주변 인물의 반응을 보여줄 수도 있고 군중들의 규모를 전달할 때도 유용합니다.

카메라 연출은 결국 카메라의 기본 좌표와 포커싱하는 대상, 움직임의 형태 등을 서술함으로써 기획서에 들어가게 됩니다. 각도와 FOV, 속도까지 들어가기도 하지만 이는 전문성이 필요합니다.

다음은 전투 시작 시의 연출 카메라를 정리한 내용입니다. 항상 말하듯이 정답은 아닙니다. 어떤 내용들이 포함되는지 정도만 참고해 주세요.

기본 좌표	플레이어 캐릭터 기준, 뒤로 3m, 위로 1.5m 지점	
	카메라는 플레이어를 계속 따라감	
포커싱 타겟	적 등장 이벤트가 있는 경우 포커싱을 적으로 변경	
	적이 여러 명인 경우 가까운 적을 타게팅	
움직임 형태	포커싱 타겟이 화면 중앙에 위치하도록 패닝 연출	
카메라 각도	이벤트 발생 시 수평 45도 상하 15도로 고정	
	플레이 중 카메라 각도 자유 조절	
FOV	기본 값 70	
	줌인 시 40으로 축소 후 완료되면 50으로 조정	
속도	카메라 기본 이동 속도 1.5m/s	
	줌인 속도 : 0.5sce 마다 10씩	
기타 효과	카메라 이동 시 테투리 미세하게 흔들기	긴장감 표현
	전투 시작 전 1초간 슬로우 효과	몰입감 유도
조명	적 등장 시 적에게 스포트라이트 1초간	

텍스트를 활용한 연출

게임에 활용되는 텍스트 중 연출에 사용되는 것은 대사, 내레이션, 시스템 텍스트 3가지입니다. 이 중 대사는 캐릭터의 모션이나 표정, 카메라를 사용할 수도 있지만 출력되는 텍스트에 연출을 주어 중요한 부분을 강조할 수도 있습니다. 내레이션과 시스템 텍스트는 연출하는 방식이 크게 다르지 않습니다. 특정 글자를 크게 표시하거나 다른 색상으로 표시하기도 합니다. 다만 시스템 텍스트는 UI 연출과 함께 들어갈 수도 있습니다.

텍스트 연출은 크기나 색상 같은 시각적인 요소로 전달되기 때문에 중요한 단어를 부각시키는 효과일 뿐이라고 오해할 수도 있지만 캐릭터의 감정을 전달하거나 게이머의 행동을 유도하는 형태로도 사용될 수도 있습니다. 텍스트 연출의 좋은 점은 텍스트를 잘 읽지 않는 게이머들의 시선까지 끌어올 수 있다는 점입니다. 너무 남발하면 그 의미조차 사라지겠지만요.

텍스트 연출은 스트링 테이블에 대사를 작성하면서 직접 명령어를 넣으면 됩니다. 명령어의 형태와 규칙은 개발팀과의 약속으로 정해집니다. 약속에 따라 〈color=컬러코드〉 같은 형태로 넣을 수도 있고 [/bold] 형태로 작성할 수도 있습니다. 중요한 점은 텍스트를 직접 작성하는 사람이 편하게 사용할 수 있다는 점입니다. 다음의 박스 안에 있는 내용을 표현해 보겠습니다.

> 마틴: 빨리 열쇠를 가져와! 세상이 멸망하기 전에 룬의 탑을 열어야 해!

[bold]마틴 :[/bold] 빨리 (열쇠/line)를 가져와! 세상이 멸망하기 전에 <color=red>룬의 탑</color>을 열어야 해!

이는 이해를 위한 예시이며 팀에 따라 표현 방식이 다를 수 있습니다. 정답이 아니니 맹신하지 마세요. 따라서 이 부분은 앞선 연출들과 달리 따로 리스트를 만들거나 느낌을 정리할 필요는 없습니다.

플레그테일

흑사병과 마녀 사냥으로 흉흉한 14세기 프랑스를 무대로 이단 심문관을 피해 도망치는 남매의 이야기를 그린 작품입니다.

'연출하기' 챕터에서 이 게임을 언급하는 이유는 '쥐' 때문인데요. 이 게임에서 핵심적인 연출을 담당하는 요소이기도 한 쥐는 이른바 흑사병을 몰고 다니는 존재로 알려져 있죠. 이 게임에서는 닿는 순간 무조건 사망하게 되는 무시무시한 존재로 활용됩니다.

이 게임에서 쥐들은 벽을 타고 이동하기도 하며, 수십 수백의 쥐떼가 달려들기도 합니다. 공포스럽기까지 한 이런 쥐떼의 모습은 배경으로만 배치되도 충분히 분위기를 살릴 수 있습니다. 하지만 쥐가 보인다고 해서 서늘한 공포를 느끼며 신중하게 주위를 둘러보는 행동으로 연결되지는 않습니다. 그래서 이 게임에서는 닿는 순간 사망하게 되는 시스템을 통해 같은 연출이라도 전혀 다른 플레이를 유도하고 있습니다.

　쥐들은 빛을 싫어하기 때문에 횃불 등의 주변에는 다가오지 않습니다. 따라서 이 게임은 대부분 어둠 속에서 진행하며 작은 빛에 의지하게 됩니다. 어둠 속에서 작은 횃불이 보이면 안심이 되기도 하지요. 상상이 되지요?

　흑사병과 마녀 사냥이라는 불안한 시대. 마을 여기 저기에 흑사병으로 죽은 시체들이 넘쳐나는 암울한 분위기와 날이 저물면 공격해오는 쥐떼. 무너진 건물들이나 어두운 색조의 배경을 통해 절망감을 전달하고 있습니다.

　그 안에서 유일한 희망은 남매의 사랑입니다. 동생을 지켜야 하는 시스템은 귀찮은 제약이 아닌 게임의 소명으로 작용합니다. 주변의 모든 것을 어둡게 만들고 쥐떼의 소리와 형체들 속에 제한된 빛으로 만들어 내는 긴장감. 그 안에서 갖게 되는 작은 희망. 이 연출로 이후 게임의 모든 스토리를 더욱 몰입하게 만드는 것이지요.

　이런 부분들은 단순히 관찰하는 것으로는 이해할 수 없습니다. 반드시 직접 플레이하며 느껴보길 바랍니다. 그래야 나의 시나리오에도 좋은 연출을 담아 전달할 수 있을 것입니다.

특수 시나리오

인 게임 시나리오를 제외한 항목들을 특수 시나리오라는 항목으로 묶어서 분류했습니다. 아웃 게임에 속한 이벤트 시나리오를 포함해서 튜토리얼이나 IP 게임의 시나리오 등도 다룹니다. 공식 용어는 아니니 참고하세요.

IP 게임의 시나리오

IP라는 말을 들어보셨나요? Information Provider라는 의미로도 사용되고 Internet Protocol이라는 말로도 쓰이지만 시나리오에서 IP는 Intelectual Property라는 의미로 활용됩니다. 한국어로 번역하면 '지식재산권'입니다.

지식재산권이란 '창작물에 대한 권리'로 내가 창작한 무언가에 대한 권리를 저작권, 판권, 유통권의 3종류로 보장받는 것입니다. 이 중 저작권은 내가 만든 창작물의 저작자로서의 권리를 보장받는 것이고, 판권은 판매에 대한 권리만을 보장받는 것, 유통권은 유통에 대한 권리만을 보장받는 것이지요.

여러분의 게임 시나리오 작업물에 대해 저작권을 주장하라는 의미는 아닙니다. IP 게임이란 무엇인가를 이해를 돕기 위해 설명한 것이지요. 저작권이나 판권을 보장받을 정도의 수준이라면 상당히 인기 있고 잘 알려진 IP일 것입니다. 여러분이 익히 알고 있는 영화나 애니메이션, 소설 등도 IP라고 표현하고 연예인이라면 연예인 IP라고 표현하지요. 즉 IP 게임이란 오리지널리티를 갖춘 게임들이 아닌 원작을 게임화한 것들로 〈해리포터〉, 〈스타워즈〉, 〈마블 히어로〉 등이 등장하는 게임이라고 생각하면 됩니다.

IP 게임을 만드는 이유는 해당 IP의 팬들이라는 확정된 소비자가 있기 때문입니다. 특정 애니메이션을 좋아하는 사람이라면 자기가 좋아하는 애니메이션 캐릭터가 나오는 게임에 자연스럽게 관심을 가질 테니까요. 영화도, 소설도, 기타 대부분의 콘텐츠도 마찬가지입니다. 자, 이제 본론으로 들어갑시다.

IP 게임을 만들 때 가장 중요한 건 무엇일까요?

✤ IP 게임 개발 전: 원작의 이해

게임 개발 전이라면 당연히 해당 IP에 대한 이해일 것입니다. 〈미키마우스〉IP로 게임을 개발하는 프로젝트인데 미키마우스를 모른다면 기획이 될까요? 시나리오에서는 IP를 이해하느냐 아니냐의 차이가 더더욱 극명하게 드러납니다. 리소스는 따라 그리면 되지만 시나리오는 기존 내용을 그대로 가져오기보다는 재구성하거나 사이드 스토리를 창작해야 하는 경우가 많으니까요. 게다가 해당 캐릭터가 성격상 하지 않을 동작을 취한다면 역시 문제가 될 것입니다. 그렇기에 IP 게임의 시나리오를 기획한다면 그 누구보다도 IP에 대해 깊이 이해해야 합니다.

어느 정도 알아야 하냐고요? '원작자보다 많이' 알고 있어야 합니다. 원작자보다 많이 알아야 한다는 말이 어찌 보면 이해가 안 되겠지만 그것이 가능한 이유는 요즘 시대의 콘텐츠는 스스로 살아서 움직이고 확장되며 성장하기 때문입니다. 원작자의 의도와 다르게 해석되거나 밈이 생기기도 하죠.

IP 게임을 즐길 대상은 원작자가 아닌 팬들입니다. 그렇기에 원작자의 의도와 생각을 이해하는 것은 물론 팬들의 니즈와 그들이 생각하는 방향성까지 파악하고 있어야 합니다. 여기에서 한 단계 더 들어가면 유저에 따라 니즈가 다를 수 있으므로 이를 고려해야 하죠. 모두를 만족시킬 수는 없지만 가급적 많은 시선과 니즈를 알고 있어야 그중에서 선택할 수 있습니다.

❖ IP 게임 개발 시: 게임화에 대한 고민

지금까지의 내용이 IP 게임을 기획하기 전에 알아두어야 할 기본이었다면 실제 기획할 때 염두에 두어야 할 점은 무엇이 있을까요? 바로 IP의 각 요소를 어떻게 게임화할 수 있을지에 대한 고민입니다. 게임에는 직접 제어할 수 있는 요소도 있고 감상만 가능한 부분도 있습니다. 그리고 제어함으로써 변경되는 부분이 원작 팬들에게 어느 선까지 허용될지에 대한 고민도 필요합니다.

예를 들어 액션 위주의 IP라면 이야기 전달에 주력하는 편이 좋을까요? 액션 시스템 기획에 무게를 두는 편이 좋을까요? 대부분은 후자일 것입니다. 그러므로 시나리오에서는 액션을 플레이하기 위한 동기와 덧붙는 이야기에 집중하고 등장하는 캐릭터들의 외형과 패턴을 통해 이야기를 어떻게 전달할 수 있을지를 고민해야 할 것입니다. 이처럼 장르에 따라서도 차이가 날 수 있다는 점을 인지해야 합니다.

❖ IP 게임 시나리오에서 고려해야 할 점

그렇다면 IP 게임을 개발할 때 시나리오에서 고려해야 할 부분은 어떤 것이 있을까요? IP에 따라서 차이가 있겠지만 가장 먼저 고려할 점은 기존 원작을 그대로 재현하는 것에 관심이 있는 경우만큼이나 원작과 다른 내용이 추가되기를 원하는 니즈가 많다는 것입니다. 다만 이 경우 창작의 방향은 원작의 분위기를 해치지 않는 선에서 이루어져야 합니다. 그러려면 원작을 데이터로 분석하는 것에서 그치지 말고 내러티브의 구성, 패턴 등 감성적인 부분까지 숙지할 필요가 있습니다. 결국 원작을 여러 관점에서 이해하고 분석해 이를 토대로 창작을 이어 나가야 한다는 거죠.

또 IP 게임 시나리오는 기술적으로 구현이 가능한지에 대한 것도 고려해야 합니다. 그러려면 개발을 기술적으로 이해하는 것이 선행되어야겠죠. 이는 비단 IP 게임이 아니더라도 필요합니다.

세 번째로 IP 게임 시나리오는 감성적으로 구현 가능한지에 대해서도 고려해야 합니다. 한때 자신도 모르는 사이에 마음이 따뜻해지는 감성을 의미하는 '모에' 트렌드가 유행했는데요. IP 원작과 똑같이 생긴 캐릭터가 원작과 동일한 목소리로 동일한 대사를 읊는다고 해서 모에 감성이 들어가지는 않습니다. 감성적인 구현을 위해서는 해당 IP에 대한 다각적인 이해, 그중에서도 마니아를 포함한 고객층의 시각에서 접근이 필요합니다. 여러분이 분석한 캐릭터는 고객층이 바라보는 모습과 다를 수 있습니다. 그리고 그들이 생각하는 감성이 담겨 있지 않다면 아무리 잘 만들어도 해당 캐릭터를 흉내 내거나 연기하는 다른 존재로 느껴질 수 있습니다.

네 번째는 원작자를 포함해서 IP의 이해관계자들을 고려해야 합니다. 그들에게 이 IP는 게임으로만 끝나는 것이 아니라 추후 다른 사업과도 연계가 됩니다. 그래서 이미지의 변경이나 훼손에 매우 민감할 수 있습니다. 대부분은 이 때문에 원작자나 IP 사업자에 의해 반려됩니다. 또 수정을 수없이 거치다 보면 감성적인 구현에 대한 부분은 까맣게 잊기도 하지요.

결국 IP 게임 시나리오는 IP에 대한 깊고 폭넓은 이해를 기반으로 창작하고 집필하는 과정에서도 기술적인 부분, 감성적인 부분은 물론 IP와 관련한 이해관계자들과의 협의까지도 필요하기 때문에 일반적인 게임 시나리오와는 많이 다르다는 걸 알아야 합니다. 원작의 설정을 가져올 수 있다는 편리함만으로 쉽게 접근해서는 제대로 된 IP 게임을 만들기 힘들 것입니다.

이벤트를 위한 시나리오 작성하기

어떤 게임들은 해당 서비스를 지속하기 위해 다양한 이벤트가 열립니다. 그중 시나리오를 필요로 하는 이벤트도 상당히 많지요. 이벤트 기획은 시스템 기획이나 콘텐츠 기획, 사업성을 중심으로 이루어지지만 시나리오를 중심으로 하는 경우도 적지 않습니다.

이벤트를 위한 시나리오를 작성하기 위해 선결되어야 할 것은 이벤트의 목적과 의도를 명확히 아는 것입니다. 목적이나 의도 없이 나오는 시나리오는 그냥 이야기일 뿐입니다. 시나리오 기획자라면 목적에 맞는 시나리오를 작성하는 것이 기본입니다.

게임에서 이벤트를 여는 목적은 다양합니다. 게이머들의 접속을 유도하기 위해서일 수도 있고, 신규 유저 유입을 위한 것일 수도 있습니다. 이미 떠난 게이머들을 다시 불러 모이기 위한 것일 수도 있고, 접속 시간을 늘리기 위해서인 경우도 있죠. 매출을 위한 이벤트도 당연히 존재합니다. 그 외에 스토리 전개나 설정, 사이드 스토리 및 캐릭터 전달 등인 경우도 있습니다. 이처럼 다양한 목적이 있는데 시나리오가 동일하게 나올 리 있을까요?

예를 들어 크리스마스 이벤트를 위한 시나리오를 작성한다고 해 봅시다. 몇 가지 목적의 차이를 두도록 하겠습니다.

❖ 매출 증가를 목표로 하는 경우

- 이벤트 기간 한정으로 산타 캐릭터를 판매합니다.
- 이 캐릭터가 등장하는 시나리오를 통해 매력을 어필합니다.
- 캐릭터를 갖고 싶도록 하는 것이 최우선입니다.
- 크리스마스는 배경이나 시기에 활용하며 그저 거들 뿐입니다.

❖ 접속 유지 시간 증가를 목표로 하는 경우

- 12월 24일과 25일 양일간 진행되는 48시간제 이벤트를 제작합니다.
- 48시간 내내 하나의 목적만 가지고 진행하기는 힘드므로 중간중간 추가 메시지나 서브 이벤트를 발생시킵니다.
- 48시간 장기 이벤트에 참여하기 위한 강렬한 동기 부여를 시켜주어야 하며 중간에 발생하는 서브 이벤트의 스토리나 연출도 흥미로워야 합니다.
- 크리스마스는 배경이나 시기에 사용하며 그저 거들 뿐입니다.

❖ 신규 가입 유저 증가를 목표로 하는 경우

- 신규 가입 유저는 이 게임을 모르기 때문에 게임 외적인 부분으로 유입

시켜야 합니다. 따라서 위 두 경우와 별개로 크리스마스를 적극적으로 활용한 시나리오를 준비합니다.

- 기존 캐릭터나 게임을 잘 모르더라도 참가할 수 있는 가벼운 내용을 담아야 하며 장기 접속을 유도하거나 매출을 유도하는 형태가 들어가면 거부감이 생길 수 있습니다.
- 크리스마스 분위기를 즐기며 가볍게 게임의 재미와 매력을 느낄 수 있는 방향성으로 시나리오를 작성해야 합니다.

게임 기획에 있어서 5W1H는 매우 중요합니다. 5W1H란 언제 When, 어디서Where, 누가Who, 무엇을What, 왜Why, 어떻게How입니다. 일반적인 기획에서는 How가 중요할 수 있지만 이벤트를 중심으로 한 게임 시나리오 기획에서는 조금 다릅니다.

이벤트의 목적과 의도를 명확히 알았다면 이후에 파악해야 하는 것은 When, Where, Who이죠. 이벤트가 발생하는 기간과 접근 가능한 시간When, 벌어지는 위치의 메뉴나 맵상의 지역Where, 이벤트를 진행할 대상이 누구인지Who입니다.

당연한 말이지만 오랫동안 지속되는 이벤트와 한정된 시간에 짧게 진행되는 이벤트의 시나리오는 분량도 다르지만 게이머의 집중도 면에서도 큰 차이를 두어야 합니다. 오랜 시간 지속되는 이벤트에 강렬한 집중과 몰입이 필요한 시나리오를 배치한다면 게이머는 쉽게 지쳐 시나리오에 관심을 잃겠죠. 반면 한정된 시간에 짧게 진행되는 이벤트라면 집중할 수 있는 강렬한 시나리오를 도입하는 편이 효율적일 것입니다. 레벨이 높은 게이머 대상인지, 신규 게이머 대상인지, 클랜이나 길드 등 여럿이 게임을 하는 대상인지에 따라서도 시나리오의 방향성은 달라져야 합니다.

여기까지 정했다면 그다음으로 정할 것은 What입니다. 시나리오 기획에서는 어떤 시나리오를 제공할 것인지가 가장 중요합니다. 다른 기획에 비해 창작에 대한 스펙트럼이 넓기 때문에 상황에 따라 제약이 있을 수는 있지만 완전히 새로운 것도 가능합니다. 타 기획에 비해 '어떤 내용을 전달할 것인가?What'에 무게를 둘 수 있다는 점은 창작자로서 반길 만한 일이죠. 여기서 정하는 것은 앞서 이미 살펴본 것들, 즉 이벤트의 목적과 의도, 대상, 시기와 시간, 장소 구성 등에 맞춰야 하죠. 이런 제약 안에서는 얼마든지 자유롭게 창작해도 됩니다.

마지막으로 들어가는 것이 How입니다. 기획자가 아이디어 혹은 아이디어를 담은 문서를 건네는 것에서 제 할 일을 끝냈다고 생각한다면 이는 무책임한 일입니다. 제시한 내용이 데이터와 리소스를 고려할 때 구현 가능한지, 어떻게 구현할 것인지에 대해 언제든 설명할 수 있어야 하죠. 이벤트 시나리오에서 What이 가장 중요하다면 How는 기본적인 책임이라고 할 수 있습니다.

결국 시나리오 기획자가 창작하는 What은 How를 통해 개발팀이 납득할 수 있어야 하는 것입니다. 또한 객관적으로 게이머들도 공감하고 수긍할 수 있어야 하죠. 이를 위해서는 문화적/대중적인 시선에 맞춰 작성해야 함을 잊지 말아야겠습니다. 내가 하고 싶은 것,

나의 창작에 대한 욕망보다는 함께 만드는 사람들과 완성된 게임을 하는 사람이 기준이 되어야 합니다.

튜토리얼 시나리오 작성하기

일반적으로 튜토리얼의 목적은 게임을 하는 방법을 학습하는 것입니다. 그래서 게임을 처음 시작할 때 단 한 번 보게 되지요. 여기에서 질문을 드리겠습니다.

> 게임을 처음 시작할 때 보게 되는 튜토리얼을 통해 게임을 하는 방법을 알게 된 경험이 있나요?

게임하는 방법을 알려주는 콘텐츠인데 이를 통해서 게임하는 방법을 알게 된 경험이 있느냐고 질문하다니 이상하죠? 하지만 아마 대부분의 게이머는 '거의 없다'라고 답했을 것입니다. 실제로 튜토리얼은 대부분 게이머에게 전달되지 않습니다. 왜 그럴까요?

게이머들은 당장 게임을 하고 싶어 하기 때문입니다. 일단은 시작하고 게임을 하다가 방법을 모르겠으면 인터넷으로 찾아봅니다. 그래서 튜토리얼을 스킵하고 게임에 진입하죠. 이를 막기 위해 대부분의 게임이 튜토리얼을 강제로 진행하지만 그럼에도 게임 방법의 전달은 잘 이루어지지 않습니다.

그렇다면 이를 만드는 입장에서는 어떻게 해야 할까요? 게임이라는 콘텐츠 특성에 따라 일방향 전달이 아닌 체험을 하게 해야 합니다. 그리고 텍스트가 아닌 연출 위주로 전달해야 하죠.

어차피 보지 않는다고 급하게 진행해서는 안 됩니다. 한 번에 두어 가지를 설명한다면 안 보느니만 못한 상황이 될 수 있습니다. 대부분은 스킵하거나 보지 않겠지만 그럼에도 자세히 보는 몇몇을 위해 차근차근 전달해야 합니다. 튜토리얼에서 다루는 순서는 게임마다 다르지만 몇 가지 예시를 들겠습니다.

1. 콘셉트 순서

게임에 대한 이해를 우선으로 할 때 사용하는 형태입니다. 게임의 콘셉트가 특별하거나 중요한 경우에 사용하며 이해가 어려운 게임에도 사용됩니다. 이 방식의 튜토리얼을 진행한다면 게이머는 게임의 세계관이나 분위기를 먼저 이해하게 될 것입니다. 주요 지역과 중요 인물, 적대하는 세력 등이 자연스럽게 전달됨으로서 실제 게임이 시작되면 보다 쉽게 적응할 수 있게 해줍니다.

2. 시스템 순서

시스템의 학습을 중시하는 방식입니다. 예를 들면 기본 전투 방식을 소개한 뒤 몇 번 플레이를 진행하고 스킬이나 마법을 가르쳐주는 식입니다. 그 외 가챠 등으로 캐릭터를 획득하는 방법을 알려준 후 획득한 캐릭터를 관리하거나 팀에 편성하는 방법을 알려줄 수 있습니다. 기본 시스템에 대해 이해시킨 뒤 거기서 연결되며 확장되는 내용을 전달합니다.

3. UI 순서

일부 스마트폰 게임에서 활용하는 방식입니다. 로비에 UI가 순서대로 배치되어 있다면 UI가 배치된 순서대로 튜토리얼을 진행합니다. 이 UI는 시스템이나 중요도 등의 이유로 배치되었을 수도 있지만 그저 UX 편의성을 위해 배치했을 수도 있습니다. 이 방식의 튜토리얼은 남은 튜토리얼의 길이가 명확하게 보입니다.

4. 목표의 순서

게임의 목표는 순차적으로 변합니다. 눈앞에 있는 미션을 클리어하는 것이 목표라면 점점 더 큰 것으로 확장해 나가는데요. 이때 목표의 순서대로 튜토리얼을 제공한다면 게이머가 해야 할 일을 명확하게 알려줄 수 있습니다. 이 반동으로 한동안 플레이를 지속하게 해주지요. 일부 게임에서는 UI 순서와 비슷하게 특정 목표들은 감추어 두었다가 어느 단계가 지나면 해금하기도 합니다.

5. 인과 순서

게임의 스토리나 시나리오를 중시하는 경우에 사용합니다. 내용상의 흐름이나 개연성에 맞게 튜토리얼 요소를 배치합니다. 아직 배우지 못한 내용이 먼저 나와야 하는 경우 보여주기를 먼저 시행하고 추후에 학습시키기도 합니다. 시나리오 기획자 입장에서는 자연스럽게 튜토리얼을 전달할 수 있어 선호하지만 콘솔 게임 같은 스토리 중시형 플랫폼이 아니라면 잘 사용하지 않습니다.

위와 같은 여러 가지 구성으로 게임의 튜토리얼은 게이머에게 전달됩니다. 그중 일부는 중간중간 감추어져 있거나 잠겨 있다가 플레이하면서 조금씩 전달되는 '중간 튜토리얼 형태'를 띠기도 하는데요. 이런 형태를 작성할 때는 감안해야 할 것이 있습니다.

우선 오픈되는 시점까지 게이머들이 어느 수준의 정보를 갖고 있는지, 게임에 얼마만큼 익숙해져 있는지를 필수로 파악하고 있어야 합니다. 요즘 게이머들은 같은 말을 반복하는 것을 선호하지 않습니다. 그러므로 이미 알고 있는 부분은 제외하고 필요한 부분만으로 이야기를 구성해야 합니다.

또한 중간 튜토리얼이 끝난 뒤 다음 스토리와 연결되는 부분이 어색하지 않아야 합니다. 스토리 전개와 별개의 캐릭터를 두는 것은 바로 이러한 이유 때문입니다. 오퍼레이터나 안내자 캐릭터를 배치하여 튜토리얼이나 업데이트, 이벤트 안내 등이 필요할 때 끼어들게 하는 것이지요.

튜토리얼 시나리오는 게이머들에게 학습을 위해 존재한다고 했지만 실은 한 가지 기능이 더 있습니다. 게임에 관심을 갖고 지속하도록 하는 동기 부여 기능입니다. 튜토리얼은 반강제로 진행하는 부분이라서 게임의 세계관이나 초반부 스토리 및 설정을 전달하기에 적합합니다. 주요 캐릭터 소개와 세계관, 플레이 방식, 어떤 목표를 갖고 게임을 진행해야 하는지 튜토리얼을 끝낸 게이머들은 이해하고 있어야 합니다. 그러나 이 부분이 어려운 이유는 직접적으로 표현해서는 안 되기 때문입니다.

지금부터 전설의 보물인 트라이포스 4개를 모으십시오. 라는 표현은 직접적이고 명령적입니다. 이런 형태로 전달하기보다는 세계가 위기에 빠지게 된 모습을 보여주고 이를 막기 위해 필요한 보물들이 있다는 등 간접적으로 전달해야 합니다. 게이머가 스스로 자신의 목표를 설정하게끔 유도해 낸다면 이들은 게임을 지속할 것입니다. 스스로 게임에 개입한 거니까요.

요즘 게임들은 자동으로 진행되는 경우가 많지만 그럼에도 게임을 지속할지 그만둘지, 아니 그 이전에 시작할지 안 할지를 판단하는 것은 게이머의 몫입니다. 이 부분을 자극하는 것이 튜토리얼 시나리오의 중요한 목적 중의 하나이고요.

미래를 위한 조언

시나리오 기획자가 되기 위해 준비해야 할 것들

게임 시나리오 기획에 대한 시선이 많이 달라졌나요? 저와 함께 책을 따라온 분이라면 예상했던 방향과 달라서 당황했을지도 모릅니다. 그럼에도 여전히 게임 시나리오 기획자를 지망한다면, 여러분이 준비해야 할 기본적이고 필수적인 것들이 있습니다.

❖ 게임 많이 하기

가장 중요합니다. 게임에서는 내러티브를 표현하는 방식도 시나리오를 전달하는 방식도 다른 콘텐츠와 크게 다릅니다. 장르별 플랫폼별로 다르며 동일 장르의 동일 플랫폼이라고 해도 게임 콘셉트에 따라서 달라지죠. 이것이 게임을 많이 해야 하는 이유입니다. 다양한 형태의 시나리오 전달을 직접 체감해 보지 않고 기획하기란 어렵습니다. 방송을 통해 보는 것과 직접 경험하는 것도 차이가 크므로 언젠가 게임 시나리오 기획을 하고 싶다면 타인의 플레이를 보기보다는 직접 플레이하며 느껴보세요.

많은 지망생이 게임 시나리오 기획자를 준비하면서 뒤늦게 게임 경험이 적었다며 후회하고는 합니다. 꼭 다양한 게임을 직접 경험해 보길 바랍니다.

✤ 기획서 작성해보기

아무리 뛰어난 실력이 있더라도 전달하지 못하면 의미가 없습니다. 나의 기획을 어떻게 효과적으로 전달할 수 있을지를 고민하면서 기획서를 써보기를 바랍니다. 많은 지망생이 기존에 서비스되는 게임을 기반으로 기획서를 작성하는데요. 시나리오 기획자 지망생이라면 기존 게임에 덧대는 것보다 자신만의 게임을 창작하는 형태를 권합니다. 종종 창작을 어렵게 여기는 분들이 있는데, 냉정하게 볼 때 이런 분들은 시나리오 기획과는 맞지 않습니다. 시나리오 기획은 게임 기획의 다른 직군에 비해 상대적으로 창작을 많이 하니까요. 게다가 기획서 작성은 나만의 게임을 지어내는 과정에서 내 생각을 논리적으로 정리하고 전달하는 연습이 될 수 있습니다. 기획서를 작성할 때는 아무리 불만족스럽고 허접하더라도 꼭 완성하길 바랍니다. 쓰다만 것은 의미가 없습니다. 시작했으면 어설프더라도 반드시 끝을 내야 합니다.

✤ 글 근육 키우기

꾸준히 글을 쓰는 것도 중요합니다. 아무리 테이블 데이터와 단문, 대사와 스크립트, 퀘스트 중심으로 일을 하게 된다고는 하지만 게임 시나리오 기획자의 기본은 글쓰기입니다. 손에서 글을 놓지 말고 계속 반복하세요. 그래야 게임 시나리오 분야에서 오래 일을 할 수 있습니다. 문체가 고민된다면 좋아하는 게임을 하면서 따라 써보는 것도 괜찮습니다.

❖ 다양한 소재 학습하기

자신이 좋아하는 소재 외에도 넓게 받아들이고 학습하길 바랍니다. 게임 시나리오라고 해서 모두 검과 마법과 용이 등장하지는 않습니다. 때로는 좀비 아포칼립스를 기획해야 할 수도 있고 역사물을 써야 할 수도 있습니다. 음악을 소재로 하거나 추리물을 써야 할 수도 있겠지요. 게임 시나리오는 내가 원하는 것을 창작하는 일이 아닙니다. 지시받은 창작을 해야 하는 일에 더 가깝지요. 따라서 어떤 소재에도 대응할 수 있도록 자신이 쓸 수 있는 범위를 넓혀야 합니다.

위 4가지는 기본 중의 기본입니다. 어느 것 하나 덜 중요한 것이 없으니 꾸준히 준비해서 좋은 시나리오 기획자가 되기를 바랍니다.

포트폴리오 작성을 위한 조언

게임 시나리오 기획자의 포트폴리오는 어떤 형태라고 생각하세요? 많은 분이 소설 같은 형태의 줄글을 연상하는데요. 이런 포트폴리오만으로는 크게 의미가 없습니다. 앞에서 쭉 이야기해 온 것처럼 게임 시나리오 기획자는 단순히 글을 쓰는 사람이 아니기 때문이지요. 글만 쓸 사람이 필요하면 게임 시나리오 작가를 구인하지 게임 시나리오 기획자를 구인하지는 않을 것입니다.

게임 시나리오 기획자의 포트폴리오에는 게임 시나리오를 쓰는 것은 기본이고 이를 논리적으로 구성하고 게임 개발에 적용할 수 있는 지식이 있다는 것을 어필해야 합니다. 이 책에서는 게임 시나리오 기획자와 연관되는 다양한 내용을 다루었지만 실무를 하다 보면 책에서 다룬 모든 내용을 다 알 필요도 없습니다. 개발 조직에 따라서 게임 시나리오 기획자의 업무는 천차만별이기 때문입니다.

따라서 포트폴리오를 작성할 때는 이 책의 내용 중 자신 있는 것 한두 개를 정해서 작업하세요. 여기에 글 실력을 보여줄 수 있는 시나리오 포트폴리오를 더하면 좋습니다. 포트폴리오 형식이나 템플릿을 찾는 분들이 종종 있는데요. 정해진 구성에 맞춰 작성된 문서는 가치가 없습니다. 개개인의 구성력과 표현력, 생각의 전개 방향이 포트폴리오에 보이기 때문입니다. 가급적이면 다른 사람의 포트폴리오를 참고하지 말고 시나리오를 표현할 수 있는 형태를 다양하게 문서화해 보길 바랍니다.

게임 시나리오는 장르와 플랫폼에 따라 다르기 때문에 하나의 포트폴리오로 여러 개 회사를 지원하는 것은 힘들 수 있습니다. 목표로 하는 회사에서 원하는 작업 스킬이 무엇인지, 어떤 형태의 소재와 장르를 원하는지를 파악하여 각 회사에 맞춤형 포트폴리오를 작성하기를 강력하게 권합니다.

에필로그

20년도 훌쩍 지난 과거의 일이지만, 제가 게임 개발사에 처음 취업하던 시기의 직군은 게임 시나리오 기획자였습니다. 글만 쓰면 될 거라고 생각한 첫 회사에서 저는 코딩을 해야 했고, 다른 회사로 이직해서는 스크립트를 작성하거나 시스템 혹은 UI 작업을 했습니다. 데이터 테이블은 기본으로 다루어야 했지요. 어린 제가 겪었던 일들을 현재의 게임 시나리오 기획 지망생들도 똑같이 겪고 있다는 사실이 안타까웠습니다. 왜 게임 시나리오 기획자를 지망하냐는 질문에 많은 지망생이 같은 대답을 합니다. 글을 쓰는 것이 좋고 글을 쓰며 안정적으로 월급을 받을 수 있는 직업이라고 생각한다고요. 여기까지 책을 읽었다면 그 생각이 잘못되었다는 사실을 알았을 것입니다. 글만 써서 할 수 있는 일이 아니라는 사실에 포기하는 분들도 있겠죠. 하지만 오히려 더 큰 매력을 느끼는 분도 분명히 있을 거로 생각합니다. 저도 정말 멋진 일이라고 생각한답니다.

게임 시나리오 기획자는 표현하고 전달하는 일을 합니다. 앞으로 게임이 어떤 형태로 진화하고 변화하더라도 '표현하고 전달하는' 일은 여전히 남을 것입니다. 직군명이 달라지더라도 말이지요. 이 책을 읽어주신 모든 분이 먼 미래에도 여전히 게임과 함께하기를 바랍니다.